Librairie A. MOREL et Cie, 13, rue Vivienne, Paris

# L'ARCHITECTURE PRIVÉE

## AU DIX-NEUVIÈME SIÈCLE

(SOUS NAPOLÉON III)

# NOUVELLES MAISONS DE PARIS ET DES ENVIRONS

## Plans, Élévations, Coupes

DÉTAILS DE CONSTRUCTION, DE DÉCORATION ET D'AMÉNAGEMENTS

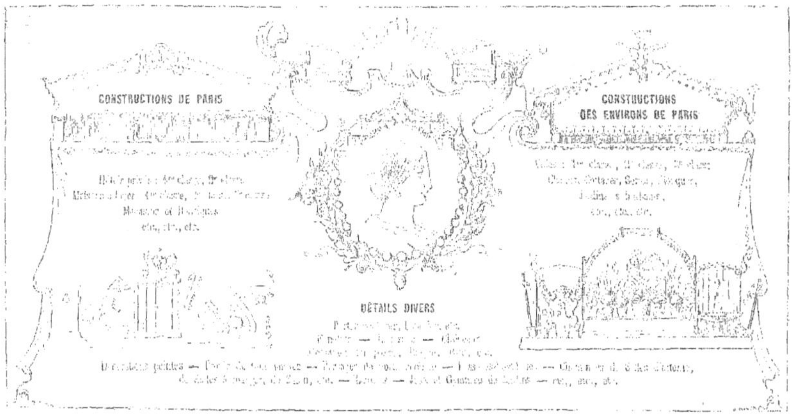


## PAR M. CÉSAR DALY

ARCHITECTE DU GOUVERNEMENT

Directeur-fondateur de la *Revue générale de l'Architecture et des Travaux publics*

MEMBRE HONORAIRE ET CORRESPONDANT DE L'ACADÉMIE ROYALE DES BEAUX-ARTS DE STOCKHOLM, DE L'INSTITUT ROYAL DES ARCHITECTES BRITANNIQUES
DE LA SOCIÉTÉ DES BEAUX-ARTS D'ATHÈNES
DE L'ACADÉMIE IMPÉRIALE DE SAINT-PÉTERSBOURG, DE LA COMMISSION DES SAVANTS DU MUSÉE GERMANIQUE, ETC., ETC.

## 2 VOLUMES IN-FOLIO

Le volume se composera d'environ 25 livraisons.

## PRIX DE LA LIVRAISON DE 4 PLANCHES : 3 FR. 75

Six pages de texte illustrées représenteront 1 planche gravée — 1 chromolithographie représentera 2 planches gravées.

DES MODÈLES DE MAISONS A CONSULTER.

Au *constructeur de maisons*, qu'il soit architecte expérimenté, jeune homme sortant de l'école ou simplement entrepreneur de province, il faut de toute nécessité des modèles à consulter.

Où faut-il chercher ces modèles?

Les grands percements pratiqués à travers l'ancien Paris, la démolition et la reconstruction entières de certains vieux quartiers de la grande cité y ont imprimé, depuis 1852, un mouvement exceptionnel à l'entreprise des constructions privées. Parallèlement à cette activité spéciale, le commerce et l'industrie de notre pays ayant aussi pris un essor inaccoutumé, jamais peut-être l'aisance générale des populations ne s'était aussi nettement accusée en France.

Or, la richesse engendre le luxe et l'amour du bien-être. Aussi, sous l'influence de la croissance rapide de la fortune publique et privée, a-t-on vu s'introduire de profondes modifications dans notre architecture domestique : il y a plus de choix dans les matériaux, les appartements sont mieux disposés, les pièces sont agrandies, les charmes de la peinture et de la sculpture ont été plus souvent invoqués et d'habiles architectes ont présidé aux travaux.

Bref, il faut de toute nécessité que le constructeur de maisons étudie les habitations les mieux entendues qu'on a exécutées depuis 1852, tant à Paris que dans les environs, et comme il n'existe aucun livre où il puisse faire cette étude, nous nous sommes décidé à publier sous le titre de : *L'Architecture privée au dix-neuvième siècle — (sous Napoléon III)*, — deux volumes in-folio (quart grand colombier) où sera reproduit un choix éclairé des exemples de maisons les plus intéressants à consulter.

### OU EN EST NOTRE ARCHITECTURE PRIVÉE.

On a classé jusqu'aujourd'hui l'architecture privée en deux groupes :

Celle des *villes* et celle des *campagnes*.

Cette classification n'est plus exacte.

A l'ancien régime des grands seigneurs correspondaient : *en ville*, de petites boutiques et de grands hôtels, *à la campagne*, des masures, des fermes et des châteaux majestueux.

Au régime de notre société moderne, industrielle et commerciale, correspondent : *en ville*, des maisons à loyer élégantes, avec de brillants magasins et des hôtels plutôt confortables que vastes ; et *à la campagne*, des maisons de fermes modestes, mais souvent jolies, et de très rares châteaux.

En outre, il est né, dans les faubourgs des grandes cités et le long des voies de fer, une nouvelle classe d'architecture privée, qu'on pourrait peut-être nommer *suburbaine*. En voici l'origine.

Ce n'est plus la noblesse seulement qui a maison de ville et maison des champs, ce n'est même plus la banque et la haute bourgeoisie, c'est la bourgeoisie tout entière qui veut diviser son existence entre la ville et la campagne, le bruit et le calme, l'activité et le repos restaurateur. L'immense développement qu'a pris depuis quelques années l'architecture privée *suburbaine* et son caractère particulier résultent donc de l'importance qu'a prise la bourgeoisie dans notre société moderne. Aujourd'hui la bourgeoisie est dans l'aisance et peut s'accorder même les satisfactions du luxe. Notre architecture suburbaine est celle d'une bourgeoisie riche et éclairée.

*L'architecture privée suburbaine* l'emporte donc aujourd'hui sur celle des campagnes, — de véritables châteaux ne formant plus qu'une exception dans la série des habitations rurales, et n'étant plus, de fait, que de grandes habitations suburbaines transportées dans les champs —, si bien qu'à cette heure l'architecture privée se résume essentiellement en architecture *urbaine*, *suburbaine* et *rurale*.

L'ouvrage que nous publions est consacré seulement à l'étude des **habitations urbaines** et **suburbaines**.

### COMPOSITION ET CLASSIFICATION DES PLANCHES.

Cette publication, destinée à faire connaître les derniers progrès de l'architecture privée de Paris et des Environs, se compose des ensembles et des détails des meilleurs exemples exécutés depuis 1852. Mais c'est mieux qu'un simple portefeuille de dessins que nous voulons donner à nos lecteurs, c'est un travail méthodique, disposé en vue d'éclairer le constructeur en épargnant tout à la fois son *temps*, ses *peines* et son *argent*.

La lecture de notre frontispice fera comprendre la distribution générale de l'ouvrage.

On y verra que nous avons classé les *maisons de Paris* et les *maisons des Environs* (habitations suburbaines) en divers groupes, suivant leur nature et leur importance. Chaque groupe est représenté par plusieurs exemples particuliers nécessitant chacun une série de planches.

Les maisons de Paris forment seules trois groupes : les *hôtels*, les *maisons à loyer* et le groupe complémentaire des *boutiques et magasins*.

Les *hôtels* sont divisés en *hôtels de 1re et de 2e classe*; et les *maisons à loyer* forment *trois classes*.

Les *maisons des environs de Paris* sont soumises à une distribution analogue : le groupe des *villas* forme trois classes d'importance différente, que suit le groupe complémentaire des *maisons de garde*, *chalets*, *kiosques*, *jardins*, etc., etc.

Mais les terrains livrés au constructeur sont si variés de forme, et les conditions particulières que le propriétaire impose à l'architecte se modifient de tant de façons, que pour avoir quelque chance de trouver, parmi les bâtiments exécutés, un exemple un peu analogue à ce qu'on se propose de faire, il faudrait avoir un très grand nombre de plans et de dispositions sous les yeux. Comment, cependant, sans grossir cette publication outre mesure, donner un aussi grand nombre d'exemples particuliers?

Nous avons résolu ce problème en faisant suivre les divers exemples complets, que nous donnons de chaque classe de maisons, par un *parallèle de plans de maisons de cette classe* dessinés à une petite échelle, sur une feuille double, afin d'exposer simultanément et en regard les uns des autres, une grande variété de dispositions et d'agencements.

Ainsi, à la suite des exemples d'*hôtels de 1re et de 2e classe* que nous aurons donnés avec détails dans une suite de belles planches, viendra une planche double donnant une série de plans d'hôtels.

Un parallèle analogue complètera la série des *maisons à loyer*, celle des *villas*, etc., etc.

Aux deux groupes qui précèdent : les maisons de Paris et celles des environs, nous avons joint un troisième intitulé détails divers.

Des habitations qui auraient fait double emploi avec celles déjà données par nous, nous ont parfois présenté cependant des détails dignes d'attention : des portes, des vestibules, des cheminées, etc.; ce n'eût pas été habile de nous restreindre aux seuls détails des maisons dont nous avons donné les ensembles. Nous avons donc fait suivre les deux groupes de *planches* consacrés aux maisons de Paris et des environs (avec leurs parallèles), par un troisième groupe composé de *détails divers* relatifs aux différentes classes d'habitations qui précèdent et à leurs dépendances. Notre titre général ou frontispice énumère la série de ces détails, qui sont méthodiquement groupés suivant leur nature.

*Par cette classification des matières de notre ouvrage, nos lecteurs pourront trouver immédiatement les exemples qu'ils désireraient consulter, et au moyen des* parallèles *et du groupe des* détails divers, *ils sauront où rencontrer, suivant leurs besoins, soit des détails cotés avec soin comme des « dessins d'exécution », soit une grande variété de distributions et d'agencements divers de plans de toutes les classes et variétés de maisons.*

### LES ÉCHELLES ET LES ÉCRITURES DES PLANCHES.

Nos planches sont à des échelles *multiples* ou *sous-multiples* les unes des autres, et sauf quelques rares exceptions motivées par de bonnes raisons : les planches de même nature sont à la même échelle, comme suit : Plans à $0^{m}005$ ; — élévations générales à $0^{m}010$ ; — ensembles de portes, de fenêtres, etc., à $0^{m}050$ ou $0^{m}100$ ; — leurs profils à $0^{m}100$ ou à $0^{m}200$ ; — la menuiserie est le plus souvent à $0^{m}250$.

Dans les publications du genre de celle-ci on a rarement l'habitude de graver sur les planches la destination et les dimensions des pièces : on n'indique jamais la nature des planchers et du carrelage : on se borne à donner les deux cotes générales de largeur et de longueur du bâtiment, parce que la gravure des lettres et des chiffres, et l'indication des planchers et du carrelage compliquent le travail et coûtent très cher aux éditeurs.

Nous avons pensé que le *temps* de nos lecteurs était aussi une valeur qui méritait d'être économisée : nous avons donc complété nos planches par toutes les indications possibles sur la *destination* et les *dimensions* des pièces, et, pour *chaque classe de maisons*, nous avons marqué les systèmes de planchers et de carrelage généralement adoptés.

Paris. — Imp. Émile Voitelain et Cie, rue J.-J.-Rousseau, [illegible].

# TABLEAU

DONNANT

## LA MÉTHODE DE CLASSIFICATION DES PLANCHES

La classification adoptée pour les planches de *l'Architecture privée au XIXe siècle* (*sous Napoléon III*) est neuve, et demande par cela même un moment d'attention pour être comprise ; mais elle est fort commode et permet de distribuer les planches de façon à composer une série de monographies indépendantes les unes des autres, sans que l'ouvrage entier perde de son unité.

Les planches de l'ouvrage forment des groupes distincts : *Hôtels privés*, *Maisons à loyer*, *Villas suburbaines*.

Chaque groupe se décompose à son tour en un certain nombre de classes :

Les *hôtels privés* en 1re et 2e classe ;

Les *maisons à loyer* en 1re, 2e et 3e classe ;

Les *villas suburbaines* en 1re, 2e et 3e classe.

*Chaque planche porte au bas du dessin :* 1° le nom du *groupe* auquel elle appartient (groupe des Hôtels privés, ou groupe des Maisons à loyer, etc.) ; 2° le numéro de la *classe* dans le groupe (1re, 2e ou 3e) ; 3° l'adresse du lieu où la construction est située ; 4° le sujet représenté ; et 5° le nom de l'architecte.

Chaque *exemple* d'Hôtel, de Maison ou de Villa, représenté dans ce recueil, forme une monographie et porte une même lettre sur chacune de ses planches ; seulement la lettre est droite (A, B, C), si elle désigne une construction faite à *Paris*, et penchée (*A*, *B*, *C*), si elle désigne une construction des *environs de Paris*.

Il y a donc autant de séries de planches timbrées d'une même lettre qu'il y a d'exemples ou de monographies différents composant chaque groupe.

Comme il y a des Hôtels de deux classes et des Maisons à loyer de trois classes, etc., la lettre adoptée pour désigner une maison déterminée porte en *indice* le *chiffre de la classe* ($A^1$ est un Hôtel ou Maison *de Paris* de 1re classe ; $\mathit{A}^1$ est une Villa *des Environs de Paris* de 1re classe).

A côté de la *lettre d'ordre* de la monographie figure le *numéro d'ordre* de la planche. Cette lettre et ce numéro sont marqués à l'angle supérieur droit de la planche.

En regard, à l'angle supérieur gauche, se lit le *numéro du volume*.

Le tableau de la page suivante complète cette instruction et fait voir :

1° La classification des planches d'une même monographie ;

2° Les monographies d'une même classe ;

3° Les classes d'un même groupe ou nature de construction (Hôtel, Maison ou Villa).

## CLASSIFICATION DES MAISONS DE PARIS

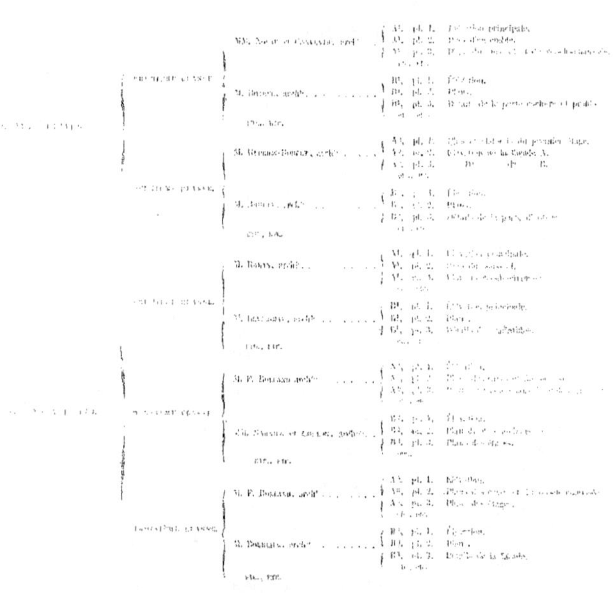

## CLASSIFICATION DES MAISONS DES ENVIRONS DE PARIS

**VILLAS SUBURBAINES.**

- **PREMIÈRE CLASSE.**
  - M. Saunier, arch$^{te}$ . . . . . . . .
    - A$^1$, pl. 1. Élévation.
    - A$^1$, pl. 2. Plans.
    - etc., etc.
  - M. Mangars, arch$^{te}$. . . . . . . .
    - B$^1$, pl. 1. Plan général de la propriété.
    - B$^1$, pl. 2. Plans du rez-de-chaussée et des dépendances.
    - B$^1$, pl. 3. Plans des premier et deuxième étages.
    - etc., etc.
  - ETC., ETC.
- **DEUXIÈME CLASSE.**
  - M. Salmon, arch$^{te}$ . . . . . . . . .
    - A$^2$, pl. 1. Élévation.
    - A$^2$, pl. 2. Plans.
    - A$^2$, pl. 3. Coupe.
    - etc., etc.
  - M. Proy, arch$^{te}$ . . . . . . . . . .
    - B$^2$, pl. 1. Élévation princ.
    - B$^2$, pl. 2. Plans.
    - B$^2$, pl. 3. Idem.
    - etc., etc.
  - ETC., ETC.
- **TROISIÈME CLASSE.**
  - M. Azeman, arch$^{te}$ . . . . . . . .
    - A$^3$, pl. 1. Vue générale.
    - A$^3$, pl. 2. Plan et élévation d'une des maisons.
    - A$^3$, pl. 3. Élévations des deux autres maisons.
    - etc., etc.
  - M. Trisquons, arch$^{te}$ . . . . . . .
    - B$^3$, pl. 1. Élévation et plan.
    - etc., etc.
  - ETC., ETC.

# SOMMAIRES

DES

LIVRAISONS PUBLIÉES EN DÉCEMBRE 1861 (1 à 30)



(1) Ex. est l'abréviation d'Exemple.

## SOMMAIRES DES LIVRAISONS PUBLIÉES EN DÉCEMBRE 1861 (SUITE)

N° 87. Vol. 2. Villa suburbaine. 2e classe. Ex. E5, pl. 2. M. Petit, architecte.
88. — 1. Maison à loyer. 2e — Ex. B5, pl. 3. M. Lecomte, —

### 23me, 24me ET 25me LIVRAISON

N° 89. Vol. 1. Hôtel privé. 2e classe. Ex. A2, pl. 5. M. Barnouin-Roguet, archte.
90. — 2. Villa suburbaine. 1re — Ex. D1, pl. 9. M. Azemar, —
91. — 2. — 1re — Ex. D1, pl. 11. M. Azemar, —
92. — 2. — 3e — Ex. A2, pl. 1. M. Azemar, —
93. — 1. Hôtel privé. 1re — Ex. A1, pl. 6. MM. Nolau et Cosnard, —
94. — 1. Maison à loyer. 2e — Ex. G2, pl. 4. M. Lasorsagues, —
95. — 1. Hôtel privé. 2e — Ex. A4, pl. 10. M. Barnouin-Roguet, —
96. — 2. Villa suburbaine. 1re — Ex. D3, pl. 8. M. Azemar, —
97. — 2. — 1re — Ex. D1, pl. 3. M. Azemar, —
98. — 1. Maison à loyer. 2e — Ex. B5, pl. 2. M. Lecomte, —
99. — 1. — 2e — Ex. C2, pl. 2. M. Davioud, —
100. — 1. — 1re — Ex. A1, pl. 5. M. Bagan, —

### 26me ET 27me LIVRAISON

N° 101. Vol. 1. Hôtel privé. 2e classe. Ex. A1, pl. 2. M. Barnouin-Roguet, arch.
102. — 1. — 2e — Ex. C2, pl. 4. M. Petit, architecte.
N° 103. Vol. 1. Maison à loyer. 2e classe. Ex. C2, pl. 1. M. Davioud, architecte.
104. — 1. — 2e — Ex. B2, pl. 6. MM. Galasse et Cottin, —
105. — 2. Villa suburbaine. 1re — Ex. D1, pl. 6. M. Azemar, architecte.
106. — 2. — 1re — Ex. C3, pl. 5. M. Petit, —
107. — 1. Maison à loyer. 1re — Ex. D1, pl. 2. M. Paul Mesnard, archte.
108. — 1. — 1re — Ex. A1, pl. 3. M. Bagan, —

### 28me, 29me ET 30me LIVRAISON

N° 109. — 1. Hôtel privé. 2e classe. Ex. B2, pl. 1. M. Petit, architecte.
110. — 2. Villa suburbaine. 1re — Ex. D1, pl. 1. M. Azemar, —
111. — 2. — 3e — Ex. A3, pl. 3. M. Azemar, —
112. Vol. 1. Hôtel privé. 1re — Ex. B1, pl. 5. M. Boral, —
113. — 1. — 1re — Ex. B1, pl. 13. M. Boral, —
114. — 1. — 2e — Ex. B2, pl. 3. M. Bagan, —
115. — 1. — 2e — Ex. A2, pl. 3. M. Barnouin-Roguet, —
116. — 2. Villa suburbaine. 1re Ex. D1, pl. 15. M. Azemar, —
117. — 2. — 3e Ex. A3, pl. 5. M. Azemar, —
118. — 1. Maison à loyer. 1re — Ex. A1, pl. 2. M. Bagan, —
119. — 1. — 2e — Ex. C2, pl. 3. M. Davioud, —
120. — 2. Villa suburbaine. 3e Ex. A3, pl. 4. M. Azemar, —

PARIS. — IMPRIMERIE DE J. CLAYE, RUE SAINT-BENOÎT, 7

# L'ARCHITECTURE PRIVÉE

AU XIXme SIÈCLE

## SOUS NAPOLÉON III

# NOUVELLES MAISONS DE PARIS ET DES ENVIRONS


PAR

**M. CÉSAR DALY**

ARCHITECTE DU GOUVERNEMENT

Directeur-fondateur de la *Revue générale de l'Architecture et des Travaux publics*.

MEMBRE HONORAIRE ET CORRESPONDANT DE L'ACADÉMIE ROYALE DES BEAUX-ARTS DE STOCKHOLM, DE L'INSTITUT ROYAL DES ARCHITECTES BRITANNIQUES,
DE LA SOCIÉTÉ DES BEAUX-ARTS D'ATHÈNES, DE L'ACADÉMIE IMPÉRIALE DE SAINT-PÉTERSBOURG,
DE LA COMMISSION DES SAVANTS DU MUSÉUM GERMANIQUE, DE LA SOCIÉTÉ POUR LA PROPAGATION DE L'ARCHITECTURE D'AMSTERDAM,
DE LA SOCIÉTÉ DE GÉOGRAPHIE DE PARIS, ETC., ETC.

Premières Médailles pour ses publications aux Expositions universelles de Paris (1855) et de Londres (1862).


---

OUVRAGE DÉDIÉ

**A M. LE BARON HAUSSMANN, SÉNATEUR, PRÉFET DE LA SEINE**

GRAND-CROIX DE L'ORDRE IMPÉRIAL DE LA LÉGION D'HONNEUR

TOME PREMIER DU VOL. PREM. — HÔTELS PRIVÉS


PARIS

SE VEND CHEZ A. MOREL ET C[IE], LIBRAIRES-ÉDITEURS

13, RUE BONAPARTE, 13

1864

# TABLE

DES

# PLANCHES DU TOME PREMIER

(VOLUME PREMIER)

(Voyez page 21 la Note explicative de la Méthode adoptée pour la Classification des Planches.)

## HOTELS PRIVÉS

### PREMIÈRE CLASSE



(*) Cette planche, sur quelques exemplaires, porte par erreur le nº 12 au lieu du nº 11. Le dessin de cette cheminée n'est pas de M. Botrel, qui en avait trouvé le modèle dans le commerce, — et ce n'est que lorsque déjà cette planche était publiée que nous avons appris que l'auteur de cette composition est M. Mauron, architecte.

### DEUXIÈME CLASSE



### 3e CLASSE

A

# M. LE BARON HAUSSMANN

SÉNATEUR, PRÉFET DE LA SEINE

GRAND-CROIX DE L'ORDRE IMPÉRIAL DE LA LÉGION D'HONNEUR.

> Nous ne pouvons marcher comme aux derniers siècles. Nous devons obéir aux besoins, aux nécessités du progrès. Nous devons suivre l'essor de la civilisation. Nous allons à la vapeur, tant pis pour ceux qui restent en route. Ce noble courage, cette volonté énergique de tout faire, de réaliser le bien partout, c'est le bon sens.
>
> M. LE MINISTRE D'ÉTAT ROUHER.
>
> *(Discours du [illegible] mai [illegible].)*

MONSIEUR LE PRÉFET,

Je viens vous prier d'agréer la dédicace des trois tomes sur « *l'Architecture privée de Paris et des Environs, sous Napoléon III,* » dont j'achève la publication en ce moment.

Le livre n'est qu'une des nombreuses conséquences des grands et utiles travaux de Paris : il a pour but de mettre en lumière les remarquables progrès accomplis dans l'architecture privée, grâce à ces travaux.

De tout temps les grandes choses rapidement réalisées ont frappé l'imagination des hommes, et ce qu'ils admirent surtout dans les plus magnifiques témoignages de la puissance, c'est la soudaineté jointe à la grandeur. Rien, en effet, ne peut flatter plus légitimement l'orgueil d'une génération : car, pour produire de telles œuvres, elle a dû fournir à elle seule l'effort qu'on attendait seulement d'une longue période de temps. La rénovation de Paris nous a donné ce beau spectacle.

Et ne pensons pas qu'il soit chèrement acheté. La promptitude de l'exécution, en ajoutant son prestige aux mérites du plan général, satisfait en même temps à de sages prévisions d'économie. Timidement conçue, timidement poursuivie, marchant pas à pas, l'entreprise, par sa lenteur, aurait eu le double inconvénient de coûter des sommes bien plus considérables, et de rejeter dans un avenir lointain les avantages du fait accompli ; tandis que, par son train grandiose et son allure rapide, elle crée d'une seule pièce, et ne laisse point d'intervalle entre les sacrifices de la veille et les compensations du lendemain.

Mais pour ne parler que de ce qui touche à l'architecture privée, — l'objet spécial de l'ouvrage dont j'ai l'honneur de vous entretenir, — il n'était pas possible, avec le système lent et indécis des anciennes administrations, de lui faire réaliser tout le progrès dont elle était immédiatement susceptible. Pour que les habitations parisiennes de toutes les classes, depuis les hôtels luxueux de nos riches financiers jusqu'aux modestes logements des petits employés et des ouvriers, pussent, chacune dans son genre et suivant son importance, s'harmoniser avec les besoins de la population, les convenances sociales et les ressources de notre époque, il ne suffisait pas que les architectes fussent habiles et les capitalistes éclairés, que les produits des diverses industries du bâtiment fussent d'une incomparable variété et d'une grande richesse ; il fallait encore que le *milieu* appelât et favorisât généralement, au lieu de la repousser, l'action de ces agents divers.

Qu'un architecte soit chargé, par exemple, de construire une maison ou même un groupe de maisons dans un quartier mal percé, mal aéré, formé d'un entassement de bâtiments anciens, déchus de leur rang, et de sordides constructions modernes, comment, je le demande, pourra-t-il échapper à l'influence de ce milieu? Comment bâtir là avec des matériaux de choix, demander à l'industrie ses produits perfectionnés, relativement coûteux, à l'art ses grâces même les plus modestes, sans choquer à la fois une convenance matérielle et une convenance morale, le bon sens qui défend d'associer des constructions disparates, et le sentiment d'honnêteté qui ordonne à l'architecte de ne pas perdre de vue, dans son travail, les intérêts de son client? L'artiste ne sera-t-il pas contraint, malgré sa répugnance, d'amener l'œuvre nouvelle à une certaine conformité d'aspect et de nature avec ce triste entourage, en se bornant aux seules amélioration strictement nécessaires pour favoriser dans un pareil milieu l'entreprise financière confiée à sa prudence?

Et n'était-ce pas dans de telles circonstances cependant que s'élevaient, il y a quelques années encore, la plupart des maisons de Paris? Et ne condamnait-on pas ainsi d'avance les nouvelles constructions à rester au-dessous *à la fois du talent de l'architecte et de la* bonne volonté du capitaliste?

Un mal en entraîne un autre : l'état du quartier défendait tout progrès décisif dans les habitations nouvelles, et celles-ci, à leur tour, donnaient comme une consécration définitive, sinon à l'abaissement du quartier, du moins à un niveau inférieur à ce qu'on pouvait considérer comme un rapport raisonnable et digne entre l'art architectural d'un côté, et, de l'autre, les besoins et les ressources du Paris contemporain.

Il *était donc* indispensable de renoncer au *procédé* ruineux des études et des rénovations partielles, au système des entreprises décousues, sans vue d'ensemble, et par suite contradictoires souvent. *Au morcellement il fallait* substituer l'unité ; à l'hésitation, la décision ; à la lenteur, la rapidité. Il était temps d'étudier d'abord, et de remanier ensuite, partout où la nécessité s'en *faisait sentir*, la grande cité dans *l'ensemble* de son économie architecturale, en considérant la ville entière comme un seul monument dont toutes les parties fussent solidaires. Cette conception, simple et sage dans sa grandeur, appliquée avec une fermeté calme, pouvait seule permettre de réparer le temps perdu : elle ouvrait à l'architecte et au *capitaliste un vaste champ d'action où ils ne rencon*traient d'autre obligation que celle d'obéir aux besoins d'une population dont le goût suit une constante progression *vers le beau et l'excellent. De pareilles conditions*, tandis qu'elles faisaient naître une intelligente et utile émulation parmi les constructeurs, n'imposaient au talent de l'architecte d'autres limites, en dehors des lois de l'édilité, que celles des prodigieuses ressources industrielles du siècle.

J'ai vu disparaître dans ce colossal remaniement de Paris quelques vieux souvenirs de notre histoire : comme artiste et comme archéologue j'en ai éprouvé des regrets faciles à comprendre, mais comme citoyen j'en ai senti la nécessité, et je me suis consolé en pensant que le souvenir et la tradition ne cédaient le pas que devant l'essor légitime et nécessaire de la vie et du *progrès. J'ai applaudi à la démolition des quartiers mal*sains, en voyant d'élégants squares ouverts au peuple prendre la place d'indignes carrefours, et le soleil descendre sur un sol qui n'avait connu depuis des siècles que l'ombre et l'humidité ; je me suis réjoui en voyant de larges boulevards traverser la ville d'outre en outre et mettre en communication entre eux et avec la ville, les chemins de fer et les routes impériales qui relient Paris aux départements et à l'Europe. Que dirai-je encore? *Parlerai-je de l'air, de la lumière et de la chaleur répan*dus à flots, des arbres plantés par centaines de mille, des eaux pures versées avec une abondance toujours croissante, de nos chaussées et de nos trottoirs perfectionnés et mieux entretenus, des églises, des écoles, des marchés, des mairies, s'élevant de toutes parts ;... enfin de la vie humaine elle-même prolongée!

Devant *ce grand spectacle*, il est vraiment difficile de comprendre qu'on accuse l'administration de marcher trop vite.

*Trop vite! lorsqu'il est question de créer l'ordre et le* confort au cœur de la France et de prolonger la durée moyenne de la vie à Paris! Trop vite! lorsqu'il s'agit d'échapper aux maladies qu'engendrent des miasmes infects et aux inconvénients, aux dangers même que crée une circulation difficile! Trop vite! lorsqu'en faisant vite la dépense définitive est moindre et l'entrée en jouissance *plus prompte*, lorsque les finances le permettent et que le bien-être public le réclame!

— Quelques personnes reprochent à l'administration *d'avoir fait, dans les nouveaux travaux, de trop grands* sacrifices à de pures considérations d'art ; je voudrais, pour ma part, que ce reproche fût encore plus mérité : répandre largement l'art *sur les places publiques et dans* les rues, n'est-ce pas faire l'éducation du peuple par les yeux, former son goût, faire pénétrer dans les masses le sentiment du beau par un spectacle qui chaque jour polit les mœurs en élevant les esprits? L'art n'est pas un luxe stérile. Pour n'en pas douter, qu'on regarde les nombreuses écoles d'art fondées en Angleterre depuis l'Exposition universelle de 1851. L'art, en marquant de son empreinte tant de constructions privées récemment exécutées parmi nous, et que ce livre est destiné à faire *connaître, n'a fait que manifester une des supériorités de* Paris, un des puissants attraits par lesquels il exerce une sorte de souveraineté parmi les villes capitales du monde ; l'art est la source *principale de richesse où pui*sent l'industrie et le commerce parisien, et, à ce point de vue, l'édilité contribuera à la prospérité de Paris dans la mesure de son respect pour l'art.

— Cité des muses, séjour favori des arts et des sciences, où la culture de l'esprit, le raffinement du goût et l'amour du plaisir élégant sont si largement représentés, Paris sera la cité *savante* des peuples civilisés, le rendez-vous commun de tous ceux qui voudront se rencontrer pour échanger autre chose que des colis de marchandises. *Paris est la seule ville qui convienne également à tous* les peuples. Son glorieux avenir lui est marqué à la fois par sa situation géographique et topographique, aussi bien que par le génie particulier *du Parisien*. L'administration concourt dignement pour sa part à la réalisation de ce programme du destin.

Par cette initiative, dont on ne peut que louer les résultats, — utilité pratique et splendeur attrayante, — Paris est devenu pour la province un exemple si éloquent et si persuasif qu'en réalisant le vœu du chef de la dynastie napoléonienne par rapport à Paris, dont il voulait faire « LA CAPITALE DE L'UNIVERS[1] », l'administration et le gouvernement auront beaucoup fait aussi pour l'accomplissement de celui qu'il formulait, à la même occasion, par rapport à la France entière, dont il aurait voulu faire un « *véritable roman* ». De fait, depuis quelques années, le Parisien vit dans une féerie d'architecture : l'Europe s'émerveille et nos grandes villes, enflammées d'une louable émulation, imitent à l'envi l'exemple de la capitale. En présence de cette admiration unanime, l'opposition née à Paris même, s'effacera bientôt; les intérêts les plus aveugles, les esprits les plus rétifs au progrès que vous réalisez, ne peuvent tarder longtemps à voir et à comprendre.

— Je vous avoue cependant, Monsieur le Préfet, que la pensée de vous dédier mon ouvrage sur l'*Architecture privée de Paris et des Environs, etc.*, ne s'est présentée à moi qu'au moment de le terminer : c'est en comparant la rénovation actuelle de Paris avec des entreprises analogues exécutées en d'autres temps et dans d'autres pays, que cette idée m'est venue. C'est que ces heureuses transformations des vieilles et importantes cités du monde, qu'elles se soient accomplies en France ou en Angleterre, au Nord ou au Midi, sur le continent Européen ou dans les colonies d'Amérique, offrent toutes dans leur histoire un trait identique : leurs auteurs ont été invariablement l'objet, parfois les victimes, d'agressions passionnées et injustes. Vous n'avez pu échapper entièrement, Monsieur le Préfet, à la triste fatalité qui a pesé sur vos devanciers. L'étonnant panorama du nouveau Paris émergeant graduellement, aux yeux de tous, comme d'un brouillard, tandis qu'y rentrent successivement et à jamais toutes les parties physiquement et moralement malsaines de l'ancienne ville, ce beau tableau est bien propre, assurément, à pénétrer le spectateur du sentiment profond du bien accompli, ainsi que de l'intelligence et de la volonté nécessaires à son exécution. Cependant, les récriminations de la passion et de l'erreur ont troublé plus d'une fois l'attention que méritait ce vaste et beau spectacle, et c'est en réfléchissant à l'injustice et à la folie de ces attaques, que ma pensée s'est portée fréquemment, dans ces derniers temps, vers ces grands édiles qui apparaissent de loin en loin, apportant dans leurs mains la régénération des cités et les conditions qui leur assurent de plus hautes destinées. Il semble qu'une loi mystérieuse et cruelle les condamne partout et toujours aux douleurs du génie incompris et entravé. Nous les voyons tour à tour épuisant contre les résistances et l'ingratitude des contemporains l'ardeur et les efforts de leur patriotisme, niés, calomniés, expiant par leur souffrance personnelle le bien qu'ils réalisent au profit général, et n'arrivant qu'à travers mille obstacles à doter le pays d'un bienfait qui ne doit être reconnu que par les générations suivantes :

Chez les Espagnols, le général Tacon, disgracié par son gouvernement, vaincu par ces nobles Havanais dont les fils ne savent plus comment glorifier assez la victime de leurs pères, unanimement considéré aujourd'hui comme le bienfaiteur de Cuba;

En Angleterre, Wren, transformant les cendres encore chaudes du vieux Londres, jusqu'alors un foyer de peste périodique, en une cité qui, il y a dix ans à peine, était encore sans rivale, tout ensemble pour la beauté et le nombre de ses parcs et de ses squares, la largeur de ses rues, la facilité de sa circulation, l'abondance de ses eaux et le réseau de ses égouts; et qui n'est aujourd'hui la seconde ville du monde que parce que Paris en est devenu, — et pour longtemps sans doute, — la première, Wren, dis-je, dont la vie a été un combat perpétuel contre les ennemis de son œuvre gigantesque;

En France, Arnoul soutenu par le seul Colbert, et luttant en faveur des intérêts de Marseille contre ses plus puissants habitants;

Plus tard, M. de Tourny, le créateur de Bordeaux moderne, rencontrant à chaque pas la formidable opposition des jurats, de l'autorité militaire, de la juridiction ecclésiastique, succombant enfin, à moitié route, sous les arrêts du Parlement et les décisions du Conseil d'État : vous nous l'avez montré vous-même mourant du chagrin qu'il en avait ressenti[1].

A quoi bon multiplier ces désolants exemples? Devancer l'opinion a toujours été, hélas! un crime aux yeux des gens attardés dans leur siècle; aussi, parfois, la postérité seule décerne-t-elle aux initiateurs le tribut légitime de la reconnaissance publique; trop souvent ce n'est qu'une tombe qui reçoit les hommages refusés au vivant.

Tel a été le sort des hommes illustres que j'ai cités plus haut. Le souvenir de leurs infortunes ne vous a point découragé. Vous saviez, et vous l'avez exprimé en termes éloquents dans l'enceinte du Sénat, vous saviez toute la gravité et tous les périls de la tâche qui vous était assignée. Vous ne vous faisiez illusion ni sur les difficultés de l'œuvre en elle-même, ni sur les injustices qu'il vous faudrait subir de la part de l'opinion. Vous avez prévu que c'en était fait de votre repos jusqu'au moment où il vous serait donné de mettre la dernière main à l'immense entreprise, et qu'en définitive tant de zèle et de fatigue ne recueilleraient peut-être qu'un fruit amer. Cependant vous n'avez pas reculé; vous êtes entré noblement dans l'arène en athlète résolu à vaincre, sen-

1. Paroles de Napoléon Ier, du 5 mars 1816.

1. Discours au Sénat, *Moniteur* du 7 juin 1861, *passim*.

tant sa force, et armé d'une fermeté de cœur que rien ne devait ébranler. C'est là, Monsieur, de la grandeur vraie, devant laquelle tomberont à la fin toutes les animosités et tous les murmures. Sachez, en attendant, que des esprits généreux vous font de leurs sympathies un cortége d'honneur, qu'ils applaudissent à vos efforts, qu'ils sentent comme un mouvement de révolte contre cette justice paresseuse qui ne se complète qu'à l'aide du temps, et qui peut être en retard de la vie d'un homme.

C'est sous l'impulsion de ce sentiment d'équité impatiente, et comme un témoignage de respect, que j'ai désiré, Monsieur le Préfet, mettre votre nom sur la première page de mon livre : avec les autres éléments de l'histoire, elle attestera que c'est votre haute intelligence et votre courageuse persévérance qui ont présidé, sous les inspirations et l'autorité de Napoléon III, à ce vaste effort architectural, unique dans l'histoire : le Paris du dix-neuvième siècle.

J'ai l'honneur d'être,

Monsieur le Préfet,

Votre très-humble et très-obéissant serviteur.

César DALY.

---

## A MONSIEUR CÉSAR DALY, ARCHITECTE.

Paris, le 10 septembre 1864.

Monsieur,

J'ai lu, avec un grand intérêt, la lettre remarquable à tous égards, dans laquelle vous me faites l'honneur de m'offrir la dédicace de votre ouvrage sur *l'Architecture privée de Paris et des environs sous Napoléon III*. Je vous remercie de cet hommage, et je l'accepte sans hésitation.

L'autorité qui s'attache à votre nom, en matière d'art architectural, m'assure que votre nouveau travail remplira toutes les conditions de son intéressant programme. J'en trouve encore une garantie dans la manière dont vous savez apprécier la rénovation de Paris, cette œuvre nationale due à une initiative plus haute que la mienne, et qui ne sera certainement pas la moindre des gloires du règne de Napoléon III.

De telles entreprises ne manquent jamais de soulever, en même temps que la résistance des intérêts qu'elles troublent ou inquiètent, celles de la routine et de l'envie; mais par cela même que le succès de la transformation de la capitale de l'Empire devait être un des titres de l'Empereur à l'admiration de la postérité, les passions politiques se sont efforcées d'y faire obstacle ou tout au moins d'en aggraver les embarras. C'est là surtout le motif des clameurs que nous avons entendues!

Quant à moi, instrument convaincu et dévoué de Sa Majesté, j'ai dû à ma fidélité même l'animosité avec laquelle mes actes ont été attaqués, et qui a fini par me faire attribuer, dans la conception des plans du nouveau Paris, une part plus grande que je ne méritais. C'est une nouvelle et frappante confirmation de cette parole sainte : « Le méchant fait une œuvre qui le trompe. »

Quoi que l'impartialité de l'avenir puisse me réserver, Monsieur, je me trouve suffisamment dédommagé des injustices du présent par les sympathies que ma persévérance a excitées en ma faveur parmi les esprits généreux dont vous vous êtes rendu l'interprète avec une décision qui n'est pas sans courage, et dans des termes qui témoignent tout à la fois de l'élévation de votre caractère et de la largeur de vos idées.

Recevez, je vous prie, Monsieur, l'assurance de ma considération la plus distinguée.

*Le Sénateur, Préfet de la Seine*,

G. E. HAUSSMANN.

# L'ARCHITECTURE PRIVÉE

## AU XIX^e SIÈCLE

## (SOUS NAPOLÉON III)

# NOUVELLES MAISONS DE PARIS ET DES ENVIRONS

## HOTELS PRIVÉS — MAISONS A LOYER — VILLAS.

> Si le ciel m'eût accordé quelques années, assurément j'aurais fait de Paris la capitale de l'Univers, et de toute la France un véritable roman.
>
> *(Paroles de Napoléon Ier, le 5 mars 1816.)*

### BUT DE CE LIVRE.

Cet ouvrage est consacré à faire connaître les habitations construites à Paris et dans les Environs depuis le commencement du règne de Napoléon III, c'est-à-dire depuis qu'une administration heureusement inspirée a entrepris, par d'immenses travaux, d'établir entre la grande cité parisienne et les besoins de ses habitants une harmonie qui manquait, et qui était réclamée impérieusement à la fois par l'industrie et le commerce, par l'Art et l'agrément public, par l'hygiène et la sécurité générales.

Ce grand effort de l'administration a fait naître un effort pareil de la part des spéculateurs et des architectes. Les capitalistes et les artistes ont voulu satisfaire aux exigences croissantes de confort, de luxe et de goût dans les habitations, que provoquait naturellement dans la population l'augmentation de la richesse générale, née du rapide développement de l'industrie et des transactions commerciales du pays.

Favorisées par ces circonstances heureuses, les nouvelles maisons de Paris et des Environs ont vu se réaliser des progrès notables.

Et c'est pour les constater, pour en étendre au loin et en généraliser les heureux effets, que nous publions aujourd'hui cet ouvrage.

Dans notre pensée, ce recueil des plus remarquables habitations parisiennes du second Empire ne forme qu'une branche de l'étude générale de l'architecture privée du siècle; mais c'est celle qui offre le plus d'intérêt aux architectes que gouvernent les exigences de la pratique de leur art. Toujours sur le terrain, ils n'ont pas les loisirs que demandent de longues lectures et la méditation qui en est la suite naturelle; ils veulent être renseignés sur les derniers progrès introduits dans l'architecture des maisons par les architectes les plus expérimentés de France, mais sous la forme à la fois la plus pratique et la plus expéditive : celle du dessin. C'est cette forme que nous avons adoptée : nos dessins sont nombreux et notre texte bref. Les volumes que nous livrons au public en ce moment n'ont donc pas la prétention de constituer un traité complet d'architecture privée.

Étudier une seule maison dans toutes ses parties, dans sa distribution générale, l'aménagement de son mobilier, sa décoration, etc., beaucoup de personnes ne s'en doutent pas, mais c'est tout simplement une œuvre considérable. Traiter de toutes les parties de l'architecture privée, de toute la série de nos habitations, c'est encore bien autrement important : c'est une entreprise énorme.

Qu'on se rende compte seulement de ce que c'est qu'une simple fenêtre. Au premier aperçu, c'est la moindre des choses : une percée pratiquée dans la paroi de la construction, proprement taillée, encadrée peut-être. Mais après réflexion, qu'est-ce qu'une fenêtre? Plus que cela assurément : — c'est une baie destinée à laisser passer la lumière du jour sans donner accès à la pluie, à la neige et parfois au soleil; — un moyen de ventiler une salle, d'en épurer l'atmosphère, d'en laisser échapper l'air vicié, sans donner entrée aux rhumes et aux rhumatismes; — une ouverture qui permet de communiquer avec l'extérieur, mais qui ne doit pas devenir, pour les voleurs et les indiscrets, un moyen de se glisser dans l'intérieur; — une combinaison de choses ayant pour objet de réaliser l'utile, mais qui doit devenir aussi un moyen d'embellissement et d'agrément.

Battants de croisée, persiennes, volets pleins intérieurs ou extérieurs, stores extérieurs ou intérieurs, rideaux petits et grands, toutes ces parties constitutives ou complémentaires de la fenêtre, enfermées dans une étroite épaisseur, doivent pouvoir cependant se mouvoir librement, les unes du dedans au dehors ou du dehors au dedans, d'autres par des glissements horizontaux de droite à gauche ou de gauche à droite, ou en se déplaçant verticalement de haut en bas ou de bas en haut, sans que jamais ces choses, si distinctes par la matière qui les compose, les mouvements qu'elles accomplissent et les fonctions qu'elles remplissent, se heurtent, s'accrochent ou s'emmêlent; mais de façon que toutes manœuvrent avec ordre et facilité, sans danger pour les domestiques qui repoussent les persiennes, sans effort pour la maîtresse qui ouvre ou ferme ses rideaux, pour le maître ou le valet qui fait jouer la crémone, etc., etc.

Et que de fenêtres différentes, depuis les « montres » de nos élégants magasins jusqu'aux « châssis à tabatière » des mansardes, depuis les fenêtres-portes s'ouvrant sur le jardin ou sur le balcon des premiers étages de nos grandes habitations jusqu'aux soupiraux des caves, depuis les *erkers* d'Allemagne et les *bow-windows* d'Angleterre, qui accidentaient si souvent les façades du moyen âge, et que nos voisins de l'Est et de l'Ouest ont eu le bon sens et le bon goût de ne pas répudier dans leurs constructions modernes, jusqu'aux monotones rectangles de la plupart de nos maisons de France!

Qu'on se rappelle ensuite la grande diversité de nos habitations, depuis les misérables chaumières des paysans jusqu'aux majestueux palais des rois!

Et combien s'allongerait encore cette liste des diverses espèces de fenêtres, si l'on considérait non plus seulement la série des constructions privées, mais aussi les catégories d'édifices de tous genres, depuis ceux qui redoutent la lumière, comme les mausolées, jusqu'à ceux qui l'ont recherchée à l'excès, comme les palais de cristal! Mais en se limitant strictement à ce qui concerne les maisons d'habitation, qu'on dise si l'étude de la *fenêtre* est une si petite question.

Bien d'autres parties de nos demeures réclameraient de pareils développements dans un traité complet d'architecture privée. Il n'y a pas un seul détail de nos maisons qui ne pût donner lieu à un gros et utile volume. Pour en convaincre le lecteur, ne suffit-il pas de nommer la cheminée, le chéneau, la couverture, etc., etc.? A plus forte raison en serait-il ainsi si l'on voulait étudier, non plus de simples détails, comme la fenêtre ou la cheminée, mais toutes les dispositions architecturales correspondant à chaque service spécial d'une maison : la *cuisine* avec toutes ses dépendances (rôtisserie, poissonnerie, atelier de pâtisserie, réserves, relaveries, cheminées, fourneaux, distribution d'eau, etc., etc.); la *salle à manger* avec ses offices et ses accessoires; le *salon* avec ses succursales (salon d'attente, petits salons, boudoir, salles de jeu, de billard, fumoir, etc., etc.); la *chambre à coucher* avec ses cabinets de toilette, de bains, et leur complément de garde-robes et d'appareils en tout genre. Chacune de ces études ne ferait-elle pas surgir une multitude de problèmes difficiles, invoquant pour leur solution les plus ingénieux arrangements, le concours des industries les plus perfectionnées et celui du goût le plus raffiné?

Un traité complet d'architecture domestique devrait cependant examiner à fond, successivement, chacune de ces questions et bien d'autres; mais, encore une fois, les volumes que nous livrons au public en ce moment ne forment pas à eux seuls un *traité*. C'est à la fois moins, et pour quelques-uns c'est mieux que cela; c'est une collection de *spécimens* donnant la pratique la plus avancée, la plus perfectionnée de notre architecture privée. Au lieu d'offrir au lecteur des préceptes et des conseils sur la manière de résoudre des problèmes d'architecture domestique, ce sont les solutions mêmes de ces problèmes, telles que les ont conçues nos architectes les plus expérimentés, que nous lui communiquons.

Une dernière observation est nécessaire pour faire bien comprendre le caractère de ce livre : elle est relative au point de développement où se trouve actuellement notre architecture privée.

Jusqu'aujourd'hui on a classé les constructions privées en deux groupes : celles des *villes* et celles des *campagnes*. Cette classification si simple et au premier aspect si juste, n'est cependant plus admissible; car entre ces deux séries d'habitations est née une classe nouvelle de constructions privées, dont les variétés sont désignées par des noms qui indiquent une influence internationale sans préciser cependant les caractères distinctifs de chacune d'elles : on les appelle *cottages* (anglais), *chalets* (suisse ou allemand), *villas* (italien). De fait, cette nouvelle branche de notre art constitue une véritable *architecture suburbaine*, car c'est dans les faubourgs nouveaux et élégants, dans les environs des gares des voies de fer, et dans les villages situés dans un rayon de quelques lieues autour des grands centres de population, qu'on en rencontre les exemples les plus nombreux et les mieux entendus.

Les fermes et les autres établissements industriels ont aussi leurs bâtiments d'habitation, mais ce livre ne s'occupe pas de ces établissements mixtes, non plus que des logements des ouvriers et des paysans. Nous n'aurons donc à examiner, ici, que des *habitations urbaines et suburbaines*, récemment exécutées à Paris et dans ses Environs.

C'est mieux cependant qu'un simple portefeuille de spécimens que nous voulons donner à nos lecteurs, car, en tant que le sujet s'y prête, notre travail sera présenté avec méthode et disposé en vue d'éclairer l'architecte en épargnant tout à la fois, de notre mieux, son *temps* et ses *peines*.

— Mais pourquoi alors ce titre général : *l'Architecture privée au XIX^e siècle*?

La question est légitime. Nous avons adopté ce titre général dans la pensée de faire suivre ce premier travail de quelques études complémentaires. — Il y a tant de choses utiles à dire sur cette grosse question de l'architecture privée! — Mais comme chacune de nos publications subséquentes devra former, comme celle-ci, une œuvre distincte, complète en elle-même, nous avons voulu leur donner à toutes un lien commun : celui du titre général d'*Architecture privée au XIX^e siècle*.

## DES CARACTÈRES D'ART

### QUI CONVIENNENT A L'ARCHITECTURE PRIVÉE.

Ce ne serait pas exagéré que de définir la Maison : *le vêtement de la famille*. Elle est en effet destinée à lui servir d'enveloppe, à l'abriter et à se prêter à tous ses mouvements. Elle la garantit du froid et du chaud, s'harmonise avec la rusticité ou le raffinement de ses habitudes, se plie à son goût, même un peu à ses fantaisies.

En quelque lieu du globe et à quelque époque de l'hisfaire — y compris le temps présent — qu'on veuille considérer la Maison, par son *plan* elle répond au mode d'existence que le climat et la civilisation imposent, par son *aspect* elle fait entrevoir le sentiment d'art qui domine, tandis que par son *ensemble* elle fait mille révélations sur le goût public, sur les usages et les mœurs du foyer domestique, et elle offre des échappées de vue sans nombre sur le caractère des relations sociales.

Ce ne serait pas non plus étendre la vérité outre mesure que de prétendre que l'on n'est réellement maître d'une idée qu'à la condition d'en posséder l'histoire. Et comme l'histoire de l'architecture privée ne se comprend guère sans être étudiée de concert avec celle de la famille, c'est par cette double et parallèle histoire de la famille et de sa demeure que nous aurions aimé à commencer l'étude que nous publions aujourd'hui, si l'histoire de l'architecture privée faisait partie de son programme; mais c'est l'architecture privée contemporaine qui réclame tous nos soins. Avant d'étudier séparément les branches qui la composent, il est à propos d'examiner une question qui domine toute la matière :

Quels sont les caractères d'art qui conviennent à l'architecture domestique? quel doit en être le style? Quelle peut être l'influence légitime du propriétaire sur ces caractères et sur ce style?

Ces interrogations ont plus de portée qu'on ne le penserait de prime-abord.

Quelques personnes sont d'avis que l'architecte qui a satisfait aux obligations contractées envers son client en sauvegardant soigneusement ses intérêts pécuniaires et en se conformant à son goût ou à sa fantaisie pour la distribution et la décoration de sa maison, n'a plus d'autre devoir à remplir, que sa tâche est pleinement accomplie, et que dès ce moment il peut se reposer, la conscience tranquille. D'autres conçoivent autrement les obligations de la profession : elles pensent qu'elle impose dans toutes les circonstances des devoirs envers l'art aussi bien qu'envers le client, et qu'il n'est pas toujours permis de sacrifier les lois du beau en se pliant au goût incertain d'un propriétaire capricieux.

Il règne, comme on voit, quelque dissidence, et j'ajouterai, quelque confusion dans les idées sur ce que peuvent et doivent être le rôle de l'art et le devoir de l'architecte en matière d'architecture privée. Quelques-uns, dans leur enthousiasme d'artiste, iraient jusqu'à subordonner les convenances de l'habitant à celles de la maison; d'autres, plus soucieux des intérêts du client, sacrifieraient, sans trop de difficulté la maison, en tant qu'œuvre d'art, à l'habitant.

De quel côté est la raison? Quel principe de conduite adopter? Comment faire la part de chacun : la part du client, qui est un intérêt *privé*, et la part de l'art, qui est un intérêt *public*?

Pour y voir plus clair, convenons et simplifions.

Puisque le respect de l'art est d'un intérêt public, la question peut être ramenée à ces termes : Au point de vue de l'art, quels sont les droits du public sur une propriété privée?

La réponse se présente de soi. De droits *légaux*, c'est-à-dire, de droits reconnus par nos lois, en dehors des obligations de l'édilité, le public n'en a pas. De droits *moraux*, il en possède; mais c'est à la conscience seule du propriétaire ou de l'artiste d'en déterminer l'étendue.

Réaliser le beau, c'est dans l'ordre de l'art une vertu, comme de pratiquer la charité dans l'ordre moral, ou de proclamer la vérité dans l'ordre scientifique. Mais la part que chacun fait ou doit faire dans sa vie à la pratique de la vertu, est une question étrangère aux législations humaines; le respect ou le mépris, c'est-à-dire la sanction de la conscience publique, voilà, en dehors des jugements formulés par la religion, la récompense ou le châtiment de l'artiste, du savant, de l'homme riche ou puissant, suivant qu'il a défendu ou abandonné les intérêts du beau, du vrai ou du bien, dont la sauvegarde lui appartenait. Le public a un vague sentiment qu'il n'est pas plus permis à l'artiste de vulgariser le spectacle de la laideur, qu'il n'est loisible au savant d'enseigner l'erreur, ou au prêtre de prêcher le vice. L'art, en effet, a sa moralité.

Mais à côté des droits de l'art, il y a d'autres droits à considérer : ceux du propriétaire. Et ces deux natures de droits, au lieu de se soutenir réciproquement, se combattent quelquefois. Aussi, dans la pratique architecturale, c'est le plus souvent une transaction, accomplie instinctivement, qui intervient entre les droits de l'art et ceux du client; seulement, la transaction penche tantôt du côté du client, c'est-à-dire de l'intérêt privé, et tantôt du côté de l'art, c'est-à-dire du public, de la société.

Quelques courtes observations, en jetant un peu de lumière sur le terrain où s'accomplit souvent à l'aveugle cette transaction instinctive, pourront contribuer à y substituer des combinaisons réfléchies. Le jour dans l'esprit et la conscience de l'homme vaut toujours mieux que l'ombre, favorable seulement au doute et au sophisme, c'est-à-dire à l'hésitation et à l'erreur.

Il y a le domaine public et le domaine privé, en art comme en droit. L'Église et le Théâtre, le Palais Législatif et le Palais de Justice, la Bourse et la Colonne commémorative, sont des monuments *publics*; l'Hôtel, la Maison à loyer, la Villa, sont des constructions *privées*. Cette distinction est élémentaire; la répéter, c'est dire un lieu commun. Soit. Je conviens que c'est rappeler une vérité banale, c'est-à-dire une de ces vérités essentielles qu'on a entendues si souvent que d'ordinaire on ne leur accorde pas une longue attention. Arrêtons-nous y cependant.

Le monument public, le monument qui s'adresse à *tous*, qui appartient à la *nation*, qui a été payé sur le *fonds commun*, ne doit-il pas, en bonne justice, satisfaire au sentiment *général*, *national*, de la beauté? « Ceux qui furent à la peine ne doivent-ils pas être aussi au profit et à l'honneur? » La réciprocité, l'équité, ne commandent-elles pas cela? Enfin, la beauté, telle que *tous la conçoivent*, ne doit-elle pas rayonner sur la face de nos édifices *publics*, comme rayonnent la gloire sur notre armée, la sainteté sur notre religion, la loyauté sur tous les actes de la vie nationale? Et que serait une gloire que tous n'acclameraient pas? une sainteté que bon nombre contesteraient dans leur conscience? une loyauté niée par une partie notable du pays?

La beauté d'un monument public doit être une émanation éclatante et directe du génie vivant de tous.

une profession de foi esthétique de la race. Aussi l'architecte n'est-il, par moments, que la trompette sonore dans laquelle passe le souffle puissant d'une nation; il résume alors des vibrations immenses qui sortent des poumons de tout un peuple [1].

Voilà pour les édifices publics. Mais la beauté de l'architecture privée, quels doivent en être les caractères? Quel aspect donner aux habitations ordinaires de nos villes et de nos campagnes, à nos riches ou modestes villas, aux hôtels privés et aux maisons à loyer?

Cette question, rapprochée de la précédente, relative aux monuments publics, embrasse la thèse de l'influence contrastée, sur l'art, de l'individu et de la société, c'est-à-dire de la liberté et de l'ordre.

Là aussi se rencontre cet autre problème intéressant d'esthétique, savoir : quelle est la part légitime de la fantaisie en matière d'art, et quelle est la part des règles ou de la loi?

Ces difficultés seront implicitement ou explicitement résolues dans ce qui va suivre; mais, pour ne pas nous attarder outre mesure, il faut que le lecteur déduise par lui-même quelques-unes des conséquences des principes que nous exposerons.

Les arguments produits tantôt en faveur des droits de la société, à propos du caractère d'art qui convient aux monuments, pourraient être tous reproduits ici pour attribuer au propriétaire, sur sa maison, les droits accordés à la nation sur les travaux d'architecture publique. Incontestablement, si la liberté du goût individuel doit s'exercer dans une branche d'architecture de préférence aux autres, c'est dans celle qui s'occupe de nos demeures, dans le bâtiment qu'on élève pour y enfermer son existence et celle de sa famille, qu'on paye à soi seul, et qui est destinée inévitablement à contribuer, dans une forte mesure, au charme ou à l'ennui de toute la vie.

Qu'on y pense un instant : suivant que l'habitation est bien ou mal ordonnée, les fonctions domestiques s'accomplissent aisément ou avec peine, le travail journalier de chacun, depuis le maître dans son cabinet ou son atelier, jusqu'au « cordon-bleu » dans sa cuisine, est facilité ou entravé, la bonne humeur se maintient ou l'irritation s'éveille, la discrétion de la vie intime est respectée ou méconnue, chacun est libre dans son quartier ou soumis à d'intolérables servitudes, les relations intérieures de la famille et les rapports extérieurs d'amitié et de société s'exercent avec ordre et dignité ou se pratiquent au milieu d'embarras choquants. Suivant que l'aspect de la maison, ses lignes, sa décoration extérieure et intérieure, flattent ou offensent le goût de celui qui l'habite, c'est pour lui un plaisir ou une peine de chaque jour; pour certains caractères, c'est une occasion de triomphe ou d'humiliation permanente.

Entre l'ordre de beauté qui doit caractériser l'architecture publique et celui qui convient à l'architecture privée, la délimitation est donc nettement tracée. Aux monuments, le devoir de plaire à tous; aux habitations, celui de plaire *avant tout* à quelques-uns.

La justice, le bon sens pratique, et même les intérêts bien entendus de l'art, le veulent ainsi. On a trop souvent perdu de vue cette juste distinction, et plus d'un artiste a mis une famille à la torture au nom des règles mal interprétées de l'art.

Mettre d'accord la liberté et l'ordre, c'est le grand problème politique des temps modernes. L'art se trouve en face de la même difficulté.

Respecter les lois du beau, les règles de l'art, le goût public, c'est faire de *l'ordre*. Respecter les droits, les fantaisies mêmes du client, c'est reconnaître une des formes de la *liberté individuelle*. L'artiste, comme l'homme d'État, rencontre parfois ces deux puissances, l'ordre et la liberté, en hostilité positive. L'artiste fera alors comme fait l'homme d'État en de pareilles circonstances : il fera de son mieux. Pas plus que l'homme politique, l'artiste ne possède la précieuse recette de toujours mettre l'harmonie entre les intérêts légitimes en conflit; mais rien ne l'oblige non plus d'agir à l'aventure, de procéder à l'aveugle, sous la seule impulsion d'un vague instinct : les observations qui précèdent, sur les droits respectifs du public et du client, lui permettront d'apprécier, dans chaque circonstance, l'étendue des intérêts qu'il est appelé à concilier.

Autant la dominance d'une fantaisie personnelle serait déplacée dans nos édifices publics, autant elle peut être à sa place dans une construction privée. Mais il y a une classe d'habitations mixtes que nous voulons signaler en passant, pour qu'elle ne se présente pas à l'esprit du lecteur comme offrant une objection contre les caractères distinctifs que nous avons attribués à l'architecture publique et à l'architecture privée.

Il y a de ces demeures, comme les palais du souverain, les hôtels des ministres et des grands personnages de l'État, il y a de ces vastes châteaux et résidences sur lesquels se projette l'éclat de noms historiques soutenus par d'immenses fortunes, et qui sont plus que de simples habitations; ces édifices forment comme un lien de transition entre l'architecture publique et l'architecture privée. Moralement, par le rang et les fonctions de ceux qui les occupent, par les grandes réceptions qui s'y font, ces demeures peuvent être considérées comme des sortes de dépendances de ce grand théâtre où se développe la vie publique. Donc, aux palais royaux, et aux résidences princières ou seigneuriales, le devoir et l'honneur de concilier ce qui caractérise le génie national de l'art, avec cet usage modéré de la liberté qu'il appartient aux grands d'offrir toujours en exemple à la foule.

Aux questions : Quel est le caractère de beauté qui convient à l'architecture publique? quel celui que comporte l'architecture privée? nous avons répondu que les monuments publics devaient exprimer le sentiment *national* de la beauté, tandis que l'architecture domestique, au contraire, devait satisfaire avant tout à telle notion *particulière*, propre à un individu, à une famille, à un groupe. Pour donner à cette réponse un sens encore plus précis, il conviendrait peut-être de serrer le sujet de plus

1. Qu'on ne m'accuse pas de plaider ici la cause de la *vulgarité* dans l'art. Ce qui est *commun* n'est pas nécessairement *vulgaire* et *bas*. Aimer sa mère, son père, sa patrie, c'est commun à la fois et noble. Un *sentiment national d'art* est lié au sentiment patriotique, et, à ce point de vue, il commande impérieusement le respect. Ce qui ne veut pas dire que tous les goûts nationaux se valent.

près et d'examiner en quoi un goût national et un sentiment général se distinguent d'un goût particulier et d'un sentiment personnel ; en quoi les passions d'une nation diffèrent de celles d'un individu ou d'une famille ; et comment ces distinctions peuvent être rendues sensibles dans les œuvres d'architecture.

Pendant sa courte durée, l'action *personnelle* s'exercera despotiquement à propos, par exemple, d'une habitation qu'un homme riche se bâtira, et cette influence s'étendra peut-être jusque sur le tombeau que cet homme occupera après sa mort ; mais goût, sentiments et passions *personnels*, tout disparaît avec celui qui les représentait et les traduisait en action. Ce qui est *national* fait partie du génie caractéristique d'un peuple ou d'une race. Il a ses variations, ses oscillations, mais elles s'effectuent autour de l'axe déterminé par le mouvement de progression générale du pays. La durée d'un *goût national* est celle de la phase d'une civilisation.

Dans l'individu, goût, sentiments, passions, tout est relativement petit, tout est éphémère ; sa personne est un point imperceptible dans l'espace, la durée de son existence un moment inappréciable dans le temps. Dans la nation, goût, sentiments, passions, tout s'élève en puissance ; leur durée est celle de la race, non plus celle d'un homme ; l'étendue de leur rayonnement, celui d'un peuple, et non plus celui d'un individu.

Grandeur et durée, telles sont les qualités de tout art national digne de ce nom. C'est la grâce aimable, le joli, le pittoresque, la fantaisie qu'on recherchera le plus souvent dans les œuvres créées exclusivement pour la satisfaction de l'individu.

C'est ce qui explique pourquoi un édifice public doit toujours être une œuvre de *style*, tandis qu'une habitation ne peut être telle que par exception : elle peut avoir *son style* sans avoir *du style*[1].

Une maison veut le confortable, qualité qui n'est pas toujours conciliable avec celles qui caractérisent les « œuvres de style ». Aussi, les architectes modernes, gouvernés par ces idées de style, qui ont voulu repousser des palais et des grandes habitations non-seulement les modestes papiers peints, mais parfois même les cuirs et les tapisseries, pour n'adopter que les peintures murales, plus favorables à l'unité et pour ainsi dire à l'intégrité monumentale, qui ont voulu partout des mosaïques ou des bois incrustés à la place de tapis, des marbres ou des bois seuls pour revêtements, qui ont rêvé d'expulser l'industrie du tapissier comme profondément antipathique au style en architecture, ces architectes se sont trompés de catégorie, ils ont confondu l'habitation et son besoin de bien-être et de liberté avec le monument public et son devoir de dignité.

On pourrait dire que les édifices publics forment en quelque sorte la branche *masculine* ou *majeure* de l'architecture, tandis que les constructions privées en constituent la branche *féminine* ou *mineure*. Ce qui est certain, c'est que les femmes n'exercent pas d'ordinaire d'action directe sur la première, tandis que leur influence est considérable sur ce qui touche à l'habitation. La vie publique appartient en effet à l'homme, mais la femme s'associe largement à l'autorité de son mari dans l'intérieur de sa maison, et son action y est partout sensible.

Si nous nous bornions aux considérations qui précèdent, sur la différence du caractère architectural qui convient aux monuments publics et aux constructions privées, nous laisserions peut-être nos lecteurs sous une fausse impression. Sans doute, l'architecture privée offre à l'imagination, au goût et à la fantaisie une carrière plus libre que celle des grands édifices publics, mais il n'en résulte pas que nos habitations doivent être toutes également livrées aux inspirations déréglées du caprice. Loin de là, car parmi les sentiments complexes auxquels l'architecture privée est appelée à satisfaire, il en est d'un caractère élevé et de très-rationnels. Cette branche intéressante de l'art s'adresse à des sources d'inspiration aussi précieuses que variées, et l'artiste qui s'en rendra maître y puisera une grande netteté de conception et une extrême facilité de composition. C'est en étudiant séparément la nature intime de chacun des trois groupes de nos habitations (Hôtels, Maisons à loyer et Villas) que cette proposition s'éclaircira et trouvera sa justification.

## DES HOTELS PRIVÉS.

Quelques personnes se demandent comment il se fait qu'en France, où domine de plus en plus l'esprit démocratique et égalitaire, les habitations des grandes villes paraissent accuser un mouvement inverse. Au lieu d'une sorte de parité de plus en plus marquée dans les maisons qu'on y élève, au lieu de cette espèce de nivellement qui leur semble l'expression architecturale adéquate à la situation, elles s'étonnent du nombre croissant des hôtels privés qu'on bâtit depuis quelques années. Un instant de réflexion eût suffi cependant pour expliquer et justifier ce fait si naturel. En tout cas, ce qui suit en rendra incidemment compte.

En regardant l'ensemble de la France architecturale, en examinant ce qui reste des résidences de nos ancêtres répandues dans les campagnes ou conservées dans les vieux quartiers de nos cités, en voyant les demeures qui se construisent aujourd'hui de toutes parts dans nos villes et le long des voies de fer, on suit l'histoire de la transformation graduelle de nos mœurs et de notre état social.

Les anciens châteaux-forts, véritables armures de pierre, avec leur ensemble de formidables défenses, sont comme le symbole expressif de l'orgueil et de la vie toute militaire des seigneurs féodaux au moyen âge. Les hôtels de la noblesse aux XVIIe et XVIIIe siècles, tout en

1. Il y a certaines locutions, dans la bouche de tous les artistes, qui sont restées cependant sans définition précise. Je ne connais pas un seul dictionnaire ou traité d'art qui ait donné une définition satisfaisante de cette expression : *une œuvre de style*. L'occasion de la tenter se présentait ici, mais la nécessité de suivre le mot *style*, depuis son origine à travers toute la série de ses acceptions, en les contrastant constamment avec les divers emplois du mot *caractère*, m'avait contraint à des développements hors de proportion avec le petit nombre de pages dont je dispose dans ce livre. C'est partie remise, mais pour peu de temps.

continuant de personnifier la fierté de race, prennent un caractère où se marquent non-seulement la supériorité du sang, mais aussi les habitudes d'une aristocratie de cour brillante et hautaine.

Le principe de l'aristocratie ancienne était le sang et la tradition; l'inégalité moderne est née de la richesse, qui représente essentiellement les économies du travail.

L'hôtel aristocratique, signé des armoiries de la famille, en personnifiait la supériorité d'origine et la vie d'apparat; tandis que de nos jours on peut dire, sans exagération, que l'hôtel est pour le financier, le commerçant et l'industriel plutôt encore un moyen de bien-être qu'une recherche d'orgueil.

Après la période de vie en commun, durant laquelle on a édifié sa fortune, on éprouve le besoin de jouir de l'indépendance qu'on est parvenu à se créer; on veut avoir son chez soi, où nul ne vienne plus tard déranger les habitudes, les relations, la vie intérieure qu'on s'est faite, ainsi que cela arrive si souvent dans la maison à loyer.

Cette notion pratique de l'hôtel privé, à notre époque, indique fort bien les conditions nouvelles dans lesquelles il doit être conçu, et combien elles diffèrent de celles qui présidaient à la construction des anciens hôtels. Sans doute, entre l'ancien hôtel et l'habitation moderne qui porte ce nom, il y a des analogies qui subsistent toujours dans les dispositions générales; mais en ce qui concerne les convenances usuelles, les commodités de l'existence, l'hôtel moderne a des exigences dont on se préoccupait assez peu dans la large, noble et froide distribution d'autrefois. Les hôtels présentaient alors plus de grandeur que de vrai confort, mais partout on rencontrait le souvenir des ancêtres et l'orgueil de la lignée.

L'hôtel moderne, demeure bourgeoise, riche, aisée à la vie, sans se refuser au luxe de la grande décoration et aux embellissements que les arts peuvent lui fournir, veut, en première ligne, tout ce qui contribue à l'hygiène, à l'agrément de l'existence, à la facilité et à la discrétion des rapports intérieurs, aussi bien qu'aux charmes des relations sociales. Il ne suffit point, par exemple, qu'un salon soit richement orné, meublé avec élégance, il faut encore qu'il soit à la fois chaud et bien ventilé; le vestibule peut être monumental, mais à la condition de ne pas présenter une température glaciale à la femme élégante et délicate qui doit le traverser, ou même y stationner un instant, en quittant l'atmosphère tiède et parfumée d'une fête.

Aussi, l'hôtel moderne, pour se produire sous un aspect plus modeste que l'ancien hôtel de la noblesse, n'en offre pas moins à l'architecte d'intéressants motifs d'études. Ce n'est pas, il est vrai, un sujet sur lequel puissent s'exercer les données tout à fait supérieures de l'art, telles que les comportent les monuments publics, qui répondent aux sentiments les plus généraux et souvent les plus élevés d'un peuple; l'hôtel moderne ne saurait avoir, non plus, ce caractère d'illustration de race qui appartenait à l'hôtel de l'ancienne noblesse; car celui-ci, en effet, devait indiquer, dans une certaine mesure, les traditions soigneusement conservées, transmises de génération en génération, qui formaient les titres précieux des grandes familles : traditions de gloire militaire, de vaillance et d'éclat dans la « noblesse d'épée »; traditions de science, d'intégrité, de ferme indépendance dans la noblesse parlementaire ou « de robe ». Néanmoins, les hôtels privés, tels qu'ils ressortent des tendances et des goûts de la société moderne, admettent un programme dont la variété n'échappera pas au lecteur attentif, et le caractère de personnalité dont ils doivent être empreints, en dépit de l'affaiblissement chez nous du principe de la tradition, renferme certainement les éléments de conceptions ingénieuses. A l'extérieur comme à l'intérieur, dans l'ornementation comme dans la distribution, l'architecte de goût saura donner à l'habitation du grave magistrat une nuance particulière qui la distinguera de celle de l'homme du monde; la demeure de l'écrivain ou de l'artiste ne ressemblera pas exactement à celle du commerçant ou de l'industriel. Il y a là des situations diverses, des finesses, des distinctions, dont un esprit fécond saura tirer parti.

Nous ferons remarquer aussi que le mobilier d'un hôtel peut et doit prendre des qualités architecturales et différer par bien des points de celui d'une maison à loyer. Dans cette dernière, le locataire n'est qu'un hôte passager, tandis qu'au contraire, le propriétaire d'un hôtel est censé à jamais établi dans sa demeure; il n'a pas à prévoir de déménagements, et tout doit prendre autour de lui le caractère de la fixité et de la durée. Sous ce rapport, beaucoup de parties du mobilier, bien plus qu'on ne le supposerait au premier abord, seront convenablement établies à place fixe, d'une manière définitive. Ainsi, les garnitures de cheminées d'un hôtel et les glaces qui les surmontent, peuvent, non-seulement sans inconvénient, mais même au profit de l'harmonie de la décoration, faire partie intégrante du corps même de la cheminée et concourir à une composition d'ensemble[1]. Bien des objets, forcément *meubles* dans la maison à loyer, *s'immobilisent* avec avantage dans l'hôtel, et donnent, par cette disposition, un caractère plus haut, plus sérieux, moins éphémère à l'habitation elle-même. Si le propriétaire pour qui on construit aime les arts, s'il possède des statues, des tableaux, il est évident que l'architecte pourra donner à la galerie qui les recevra, des dispositions spéciales, de nature à mettre ces œuvres du pinceau et du ciseau dans des conditions particulièrement favorables d'exposition et de lumière, conditions que comporte seule une demeure dont la distribution répond à une destination définitive, à l'abri des caprices changeants de locataires se succédant les uns aux autres[2].

1. Voyez, à l'*Exemple* X — Pl. 8. Tome 1er du vol. 1re, une cheminée de salle à manger, exécutée d'après les dessins de M. Ruprich-Robert. Les vases qui surmontent les piédroits de cette cheminée et la pendule qui en occupe le couronnement, appartiennent à la cheminée comme la cheminée appartient au bâtiment. Tout cela se tient, et c'est ce qui doit être. Cette cheminée, par le principe de sa composition, est un pas dans une voie si excellente, qu'il serait fort à désirer que les architectes y entrassent plus franchement. Dans un hôtel, meubles et édifice ne doivent être que les parties d'un tout harmonieux.

2. Voyez dans la *Revue de l'architecture et des travaux publics*, vol. 16 (année 1858), les dessins de l'hôtel de M. Louis Fould, œuvre de M. Henry Labrouste. M. L. Fould possédait une fort belle collection d'antiquités, que M. Labrouste a disposées de façon à mettre en évidence leurs mérites d'art pour en faire jouir, à tout instant, le propriétaire et ses amis.

Sous le point de vue purement décoratif, le corps de bibliothèque, par exemple, pourra devenir partie intégrante de la pièce où il sera établi, s'accorder avec le genre d'ornementation de l'hôtel et contribuer à l'harmonie et à la dignité générales; il aura certainement ainsi un autre style, un autre aspect, une autre importance que le casier banal qui passe de maison en maison, où son insignifiance seule permet de l'installer sans risquer de disparates choquantes. Le lit, à son tour, deviendra également l'élément ordonnateur, le pivot de la décoration de la chambre où il est placé. Si nous passons ensuite à la salle à manger, nous verrons que les buffets, faisant pièces avec l'ensemble des lambris, pourront aussi jouer un rôle architecturalement décoratif. Et ainsi de beaucoup d'autres parties, meubles dans les maisons à loyer, et pouvant, dans un hôtel, se transformer avec avantage en parties constitutives de la construction.

Outre ces traits particuliers, propres à accentuer la physionomie personnelle et pittoresque de l'hôtel privé moderne, il y a des règles plus générales et qui s'imposent à toutes les catégories d'habitations; elles se rapportent principalement à la distribution intérieure, et elles ont leur raison d'être dans les habitudes de notre existence domestique et sociale.

En effet, cette existence se divise en deux parts bien distinctes : l'une est tout entière consacrée à l'intimité, aux devoirs et aux affections de la famille, et elle réclame des dispositions architecturales qui garantissent la liberté et le secret de la vie privée; l'autre est mêlée au monde extérieur par nos relations, soit d'affaires, soit de plaisir, et ce second côté, pour ainsi dire public, de notre existence, comporte plus de luxe et d'éclat que le premier.

Ce double aspect, qui se présente dans une proportion différente, mais qui se présente dans toutes les familles, indique naturellement une première division dans la demeure. Pour la vie publique, pour répondre aux sentiments de l'amitié, aux devoirs de l'hospitalité, ou pour servir simplement de théâtre aux plaisirs que procure la société, il faut les pièces les plus vastes et les plus riches de l'habitation. Pour la vie de famille, il faut l'appartement intérieur, avec son caractère d'intimité et de confort. Enfin, le service domestique, qui se rattache à ces deux côtés de la vie, veut une place judicieusement choisie pour satisfaire promptement et avec convenance aux exigences de l'un et de l'autre.

Ainsi, en résumé, l'hôtel proprement dit se subdivise en trois sections bien déterminées : pièces de *réception*, appartements de *famille*, et service *domestique*, avec les divers aménagements nécessaires pour que celui-ci s'accomplisse convenablement.

Aussi, aujourd'hui, la distribution généralement adoptée pour les hôtels privés présente-t-elle les dispositions suivantes :

Étage de caves. Une partie en est transformée, le plus souvent, en sous-sol, où se trouve la cuisine avec toutes ses dépendances (lorsqu'il n'y a pas de sous-sol, la cuisine occupe une partie du rez-de-chaussée);

Au rez-de-chaussée, surélevé, sont établies les pièces de réception : salles à manger, galeries d'apparat, salons, salles de jeu, etc.;

Au premier étage, l'appartement de la famille;

Au second étage, les chambres destinées aux amis et aux visiteurs étrangers ou à une partie des gens de la maison.

Les communs et les dépendances de l'hôtel, tels qu'écuries, remises, selleries, vacherie et logements des domestiques attachés à ces services, sont placés dans des bâtiments distincts, séparés, autant que possible, de la cour d'honneur qui isole l'hôtel de la rue, et du jardin qui s'étend souvent derrière l'habitation[1].

Depuis un tiers de siècle, à force d'aimer l'érudition et de copier le passé, beaucoup d'artistes et d'amateurs en sont venus à confondre souvent l'archéologie avec l'art. Il leur arrive de ne voir dans les plus beaux morceaux de sculpture ou d'architecture anciennes — la peinture est mieux à l'abri de ces [illegible] — que des documents historiques, et, naturellement, ils leur demandent des renseignements plutôt que des émotions. Il se fait aussi dans leur esprit une sorte de confusion entre les musées d'art et les collections scientifiques comme celles de géologie et d'histoire naturelle, et ils voudraient n'y admettre que des *classifications*, au lieu de ces arrangements qui ont pour but de faire valoir les qualités esthétiques des trésors anciens qu'on possède. C'est excessif. Ce n'est pas ainsi que l'entendaient les amis dévoués de l'antiquité qui firent la Renaissance. Qu'on relise Benvenuto Cellini, Vasari, etc. L'équilibre ne se rétablira que du moment où les artistes étudieront l'esthétique moderne avec la ferveur qu'ils apportent aux études archéologiques. Les deux études se complètent pour l'artiste et se font contrepoids dans son esprit.

1. Voyez les *Exemples* d'hôtels A[1], C[1] et D[1], le premier de M. Convents, le deuxième de M. Delarue et le troisième de M. Bièle. Comme le principe même de cette publication est de parler aux yeux par le dessin et non par des descriptions, nous renvoyons le lecteur pour de plus amples détails aux divers exemples d'hôtels ou aux *parallèles de plans* d'hôtels donnés dans ce volume, bornant nos observations personnelles aux choses essentielles qui ne ressortent pas directement ou assez facilement de l'étude de nos *planches*. Pour clore nos remarques sur les hôtels proprement dits, nous donnerons ici cependant le résumé du programme d'un hôtel du premier ordre; et c'est l'hôtel A[1] (pl. 1 à 11) que nous choisirons à cet effet, parce que c'est l'hôtel le plus considérable et le plus largement conçu de la série que nous publions. Cet hôtel a été projeté par M. Convents, architecte, assisté, pour toute la partie décorative, tant intérieure qu'extérieure, de M. Nolau, peintre décorateur. On demandait à l'architecte de loger dans un sous-sol tout le service des cuisines, l'office du maître d'hôtel, l'office des vins, l'atelier de la pâtisserie, etc., et d'y réserver une salle d'attente pour les domestiques étrangers, cette salle ne devant communiquer avec aucune des autres pièces de l'étage, mais devant être d'un accès facile, soit par le vestibule d'entrée, soit par une voûte longeant la façade gauche de l'édifice. Le rez-de-chaussée ne devait contenir que le grand escalier et des salons ou salles à manger. Deux conditions étaient imposées à l'architecte : les pièces devaient être distribuées de façon à permettre le parcours de tout le rez-de-chaussée sans qu'on fût astreint à passer deux fois par la même pièce, et il devait y avoir deux entrées principales : l'une par le vestibule du milieu sur la cour d'honneur, et l'autre sous la voûte dont nous avons parlé, située le long de la façade latérale gauche de l'hôtel. Du côté droit de l'hôtel, pour former pendant au passage voûté situé à gauche, on devait installer un office de [illegible] et quelques dépendances de la salle à manger.

Le premier étage devait contenir l'appartement du maître et celui de la maîtresse de la maison (en regard l'un de l'autre), un salon pour la dame, un cabinet de travail pour son mari, des cabinets de toilette, une salle de bain, une salle à manger de famille, un office, un fumoir et des chambres d'amis. Ces pièces devaient être aussi indépendantes que possible les unes des autres. Dans le comble, il fallait installer quelques chambres d'amis avec leurs cabinets, la lingerie, une chambre pour pendre les robes, et des chambres à coucher pour les principaux domestiques. Les dépendances de l'hôtel devaient se composer : dans la cour principale et du côté de la rue, d'une loge de concierge ayant en regard un pavillon servant de garde-meuble; au fond du jardin, d'écuries pour douze chevaux, de remises pour huit voitures et d'une sellerie (le tout pouvant se diviser facilement en deux services distincts), d'une vacherie, d'une seconde loge de concierge, de chambres de domestiques, de greniers à fourrages, etc.

Quelques particularités de cet hôtel méritent d'être signalées. Au rez-de-chaussée, du vestibule circulaire (*a*) situé au centre de la façade principale sur la cour d'honneur, on passe au salon d'entrée (*b*) en montant une série de marches, ce qui établit entre les deux pièces une différence de niveau considérable. Ce salon d'entrée était indispensable, d'après les dispositions du projet, pour permettre cette circulation continue à travers toutes les pièces du rez-de-chaussée qu'exigeait le programme, et qui a, en effet, de grands avantages pour les bals et les fêtes. Il était bon, à plusieurs points de vue, que le vestibule et ce salon d'entrée fussent largement en communication; il était également important aussi que la séparation entre ces deux

Il y a des variantes cependant à ces dispositions. Quelquefois, surtout lorsque le terrain est exigu, l'hôtel est placé directement sur la rue, au lieu d'être précédé d'une cour d'honneur. L'habitation y perd considérablement en dignité et en confort, c'est vrai; mais dans les grandes villes et dans les quartiers très-peuplés, il est parfois impossible, même au prix des plus grands sacrifices, d'acquérir tout le terrain qu'on voudrait. Par ce motif d'insuffisance du terrain, et par d'autres encore, il n'est pas possible non plus de toujours placer les cuisines et leurs dépendances en sous-sol; on abandonne alors, le plus souvent, le rez-de-chaussée tout entier aux services de la maison, et on consacre le premier étage aux appartements de réception, en y réservant aussi, parfois, une ou deux chambres à coucher principales. Ces dispositions sont fréquentes à Paris[1].

— Il y a des hôtels d'un caractère spécial, comme par exemple ceux construits pour des artistes (architectes, peintres ou sculpteurs) et ceux de certains amateurs de collections, dont les dispositions s'écartent tellement de celles commandées par les besoins de la vie ordinaire, que nous avons mieux aimé en réserver l'étude pour un autre ouvrage que d'étendre encore les limites de celui-ci[2].

— Il y a aussi des hôtels d'un caractère mixte, des hôtels occupés par des branches d'une même famille et contenant deux ou plusieurs appartements complets et distincts[3].

Une famille est une unité collective, dont le père est le chef naturel. Mais il vient un moment où les enfants, arrivés eux-mêmes à l'âge adulte, prennent peu à peu rang dans le monde au nom de leur valeur personnelle. L'autorité paternelle s'affaiblit alors ou se transforme au profit de la liberté des enfants. L'habitation, qui se plie aux mœurs, doit satisfaire aux nouveaux besoins nés de cette situation, et l'hôtel, par les dispositions de son plan, doit marquer l'existence de cette indépendance relative des jeunes membres de la famille[4]. Les jeunes gens, d'ailleurs, se marient à leur tour, et tous n'abandonnent pas nécessairement la maison paternelle; il en est qui y amènent au contraire de nouveaux membres, et bientôt des petits enfants naissent et grandissent sous les regards des grands parents. Le groupe sacré de la famille ressemble alors à ces beaux arbres des tropiques, dont les branches, courbées à terre, y prennent racine et se transforment en arbres nouveaux, avec leurs branches, leur feuillage, leurs fleurs et leurs fruits propres, tout en demeurant attachés cependant au vieil arbre primitif, et en restant unis avec lui par une vie commune à la fois et indépendante. En s'étendant ainsi, l'arbre devient graduellement forêt, comme la famille, en se développant, devient tribu.

L'hôtel d'une famille simple (père, mère et jeunes enfants) est donc autre chose que l'hôtel destiné à recevoir une famille composée de plusieurs couples mariés, et peut-être aussi de garçons émancipés et de grandes jeunes filles. Ce dernier genre d'hôtel constitue une sorte de transition entre l'hôtel à famille simple et la maison à loyer d'un bon style. C'est une maison qui contient plusieurs ménages plus ou moins indépendants les uns des autres, mais dont les membres sont d'un même sang et liés par une même affection; c'est une disposition architecturale conciliant avec le rapprochement que réclame une tendresse commune, la liberté qu'exige une diversité d'occupations et de relations extérieures.

## MAISONS A LOYER.

Tandis que les hôtels privés demandent un caractère individuel, où s'accusent, dans une juste mesure, la vie, les habitudes de ceux (famille ou groupe de familles) pour qui ils sont spécialement construits, et qui viennent y chercher une résidence durable, les maisons à loyer, destinées à la foule — c'est-à-dire à une multitude d'hôtes se remplaçant de jour en jour selon les nécessités variables de travail, de position, de fortune, — habitées de haut en bas par des locataires de classes sociales diverses, étrangers les uns aux autres, ne sauraient admettre aucune originalité marquée de physionomie. L'aspect extérieur aussi bien que la distribution intérieure de la maison à loyer doivent rester, pour ainsi dire, d'un caractère effacé, et correspondre uniquement, en s'efforçant d'y satisfaire le mieux possible, aux goûts et aux besoins communs à la grande masse de la population. Son type général n'accorde donc qu'une faible part aux conceptions élevées de l'art et aux fantaisies de l'imagination. Cependant, il y a des circonstances accessoires, telles que l'aspect et la nature des constructions environnantes, la situation locale, des exigences d'utilité, qui conseilleront ou imposeront parfois certaines modifications aux termes généraux du programme.

pièces fût fortement marquée, les domestiques étrangers passant fréquemment par le vestibule, tandis que leurs maîtres, dans leurs pérégrinations à travers les salles de fêtes, pouvaient souvent traverser le salon d'entrée, auquel, en de pareilles circonstances, il convenait d'ôter de son caractère d'antichambre. La démarcation nécessaire entre les deux pièces a été obtenue à la fois par la différence de leur niveau et par deux grands massifs d'arbustes qui s'étendent de chaque côté du perron intérieur jusqu'aux murs; l'effet de cette disposition est très-satisfaisant. Les jours de fête, l'office de [illegible] sur la façade latérale droite de l'hôtel se transforme en estrade pour les musiciens; en faisant glisser sur des rails une partie des armoires appliquées contre les murs, on découvre une large baie s'ouvrant sur le salon de danse, et qui est garnie d'une énorme glace sans tain. Un vestibule circulaire communique, par deux escaliers cachés dans les murs, avec le vestiaire et la salle d'attente des gens de service étrangers à l'hôtel. Au premier étage, la galerie qui sépare les appartements du maître et de la maîtresse de la maison, est tout simplement un jardin d'hiver, un charmant parterre de fleurs et d'arbustes. Cet usage croissant d'introduire des plantes dans l'intérieur de nos habitations offre aux artistes des ressources décoratives d'un charme singulier et dont on n'apprécie que vaguement encore toutes les heureuses conséquences pour l'art. On choisit, bien entendu, des plantes décoratives, sans propriétés nuisibles.

Le mobilier de cet hôtel est en rapport avec le luxe de la construction: des meubles artistement traités, des tapis d'Orient, des étoffes richement brodées contribuent à l'éclat et à l'élégance de cette opulente habitation.

1. Voyez l'*Exemple* d'hôtel B 1, de M. Bétral, et l'*Exemple* C 2, de M. Petit.

2. On trouve dans la *Revue d'architecture* des exemples très-intéressants d'hôtels d'artistes et d'amateurs.

3. Voy. l'hôtel D 5, de M. Brouty.

4. L'hôtel D 2, de M. Bigle, offre l'exemple d'un appartement de grande demoiselle avec sa gouvernante, situé à côté de celui de sa mère. La *Revue d'architecture* (vol. 16) a publié un hôtel de M. Lesoufaché, très-bien entendu et destiné à loger aussi une famille avec des enfants émancipés, les uns garçons, les autres mariés.

Ainsi, la maison à loyer, placée en ligne sur une large avenue, sur un boulevard, ou formant angle sur un beau carrefour avec des échappées de perspective, ne saurait être absolument semblable à celle qui est située dans une rue étroite où la vue est brusquement limitée par les maisons qui font face. De même, on sera conduit, selon le choix du quartier, à des changements dans la distribution intérieure : aux quartiers riches, élégants, appartiendront, avec leurs vastes appartements brillamment décorés, ces belles maisons à loyer qui, sauf un plus grand nombre d'étages et une physionomie moins caractérisée, ou moins individuelle, se rapprochent sensiblement de l'hôtel privé. Dans les quartiers plus modestes s'élèveront, au contraire, les maisons où les petites fortunes trouvent des logements qui leur sont appropriés.

Le commerce et l'industrie ont également des exigences dont on aura à tenir compte : dans telle partie de la ville c'est le grand commerce, le commerce de luxe qui domine, et l'agencement des magasins fastueux dont il a besoin différera nécessairement de l'aménagement des petites boutiques et des magasins très-simples que veut, par exemple, le commerce des objets de pure nécessité. Mais, ainsi que nous le faisions remarquer, le cadre de la maison à loyer est restreint et permet peu d'élévation de style ou d'écarts d'imagination.

La maison à loyer ne doit se signaler généralement par aucun trait trop exceptionnel. Par son aspect, elle doit se conformer à peu près à tous les goûts sans se plier à aucun en particulier; par l'agencement des appartements, elle doit satisfaire à des besoins assez généraux pour que les locataires qui s'y succèdent à des intervalles plus ou moins rapprochés s'en accommodent aisément, et ces besoins concernent particulièrement la distribution et l'hygiène, sur lesquelles on trouvera tout le monde à peu près d'accord. A cet égard, l'architecte aura à résoudre une foule de problèmes intéressants : — la meilleure répartition possible de l'espace, du jour, de l'air et de la chaleur; — l'écoulement le plus salubre des eaux pluviales et ménagères, une distribution commode des eaux potables et peut-être du gaz, et une bonne ventilation : — l'arrangement de chaque appartement de façon à ménager la liberté et l'isolement facultatif des divers membres de la famille, à faciliter la surveillance et l'exercice du service domestique et à rendre le plus direct possible l'accès des pièces destinées à recevoir le monde; — enfin, la séparation la plus complète possible des appartements contigus, de telle sorte que les habitudes bruyantes d'un locataire ne viennent pas troubler le repos et la tranquillité de ses voisins.

Comme on le voit, ce sont des problèmes pratiques, très-dignes, d'ailleurs, d'être étudiés, qui se posent ici à l'architecte, plutôt que la question d'art proprement dite, ou du moins celle-ci, dans un semblable programme, ne prend qu'une place secondaire. C'est ce que les jeunes gens sortant des écoles, les architectes encore tout fraîchement remplis de l'étude des chefs-d'œuvre des âges écoulés, se mettent difficilement dans l'esprit. Ils ne comprennent pas assez que le propriétaire, le plus souvent père de famille, a des filles à doter, des fils dont il faut faire d'abord l'éducation, et qu'il sera nécessaire de pousser ensuite dans le monde, et qu'en bâtit des maisons à loyer, des *« maisons de rapport »*, comme on dit, pour trouver, avant tout, un placement avantageux de capitaux. Sans doute l'aspect de sa maison importe au propriétaire; il veut qu'elle soit d'apparence décente et honorable. Mais ce qui lui importe par-dessus tout, c'est que la distribution en soit entendue, le service domestique facile, propre et discret, que les appartements, enfin, soient sains, commodes et agréables, afin que le locataire n'hésite pas à y mettre un bon prix.

Une maison empruntée par la fantaisie à l'Antiquité ou au XIII^e^ siècle, est une excentricité que l'honnête père de famille repoussera avec frayeur, et que quelques hommes riches, qui ne marchandent pas avec leurs caprices, peuvent seuls se permettre : exécuter une pareille œuvre ne peut être qu'une exception dans la carrière de l'architecte, exception qui peut prouver le talent, mais qui n'est pas de nature à procurer à son auteur une clientèle nombreuse. Il existe à Paris plusieurs maisons que nous pourrions citer, fort à la mode il y a dix ou vingt ans parmi les adeptes de tel ou tel style particulier d'architecture, et qui ne sont plus regardées, aujourd'hui, que comme les tentatives au moins aventureuses d'une jeunesse inexpérimentée. Plusieurs de ces maisons, cependant, ont été construites par des artistes d'un incontestable mérite. Mais la maison d'habitation commune dans une grande cité, la maison à loyer, en un mot, est, de toutes les constructions, celle qui supporte le plus difficilement la fantaisie. Ce qu'elle réclame avant tout, c'est la sagesse, le calme, la réserve. Ce n'est plus, comme nous l'avons dit, l'habitation d'un individu, d'une famille, ou même d'un groupe de familles rattachées par des liens communs de parenté; non : c'est la demeure de tout le monde, et dans le présent, par la juxtaposition de nombreuses familles entièrement étrangères les unes aux autres, et dans l'avenir, par la succession d'hôtes qui, tour à tour, y viendront chercher un abri passager. Aussi, ne craignez pas d'y multiplier les facilités de distribution, les dégagements commodes; dans la disposition générale, conformez-vous, selon la proportion de votre œuvre, aux tendances qui, en France, à notre époque, ont élargi pour chacun le cercle des rapports extérieurs, de ce qu'on peut nommer la vie publique d'une famille; tracez, dans l'appartement d'une maison à loyer, la limite qui doit séparer le salon, théâtre des communications avec le dehors, des chambres intimes où vit la famille. Mais, cet ordre d'idées générales satisfait, évitez tout ce qui a une signification trop précise : le meuble à destination fixe, installé avec un caractère de permanence, et qui convient si bien à l'hôtel privé, est le plus souvent inadmissible dans l'appartement de la maison à loyer, ou, très-fréquemment, il gêne les arrangements intimes du nouvel occupant, à qui il déplaît plus encore qu'il n'accommodait le locataire précédent.

En résumé, disons-le, la maison à loyer est le lieu commun de l'architecture, lieu commun qui doit briller par le sens commun. Elle doit convenir à la foule, non à la façon d'une mode éphémère, mais à titre d'installation invariablement confortable et décente. Peu ou pas de fantaisie donc, car la fantaisie de l'un est l'aversion de

Fig. 1. — Les étages supérieurs d'une maison à loyer construite en 1862 par M. [illegible], architecte.

Fig. 2. — Le balcon de l'entresol de la même maison.

Fig. 3. — Coupe de ce balcon.

l'autre. Peu ou pas d'essai de renaissance, de l'antique ou du moyen âge, car ces tentatives ne sont, la plupart du temps, inspirées que par des influences passagères. Cherchez l'harmonie dans une gamme de formes ni austères ni brillantes, mais sobres; ni trop châtiées, ni positivement vulgaires, mais d'un goût sage qui n'attire ni ne choque.

Si ce n'est pas de l'art dans la haute acception du mot, c'est du moins la réalité pratique de la vie, dont on doit suivre avant tout les indications dans les constructions relativement modestes mais utiles des maisons à loyer. Quant au grand art, c'est dans les conceptions plus élevées et plus générales qu'il en faut poursuivre les applications, et d'ailleurs on ne fait en cela qu'obéir à un de ses principes essentiels, qui veut à chaque destination sa forme correspondante, comme à chaque temps son œuvre.

Cela ne veut pas dire que les maisons à loyer sont destinées à reproduire éternellement un petit nombre de types connus, parvenus déjà au degré de perfection dont est susceptible ce genre d'habitation. Loin de là, chaque jour montre au contraire quelque innovation : ici on incline le dessous des balcons de façon à couper plus ou moins perpendiculairement le rayon visuel du spectateur dans la rue; disposition qui permet de tracer sur ces plans inclinés des inscriptions commerciales ou de simples décorations [1]; là c'est une manière ingénieuse de grouper les étages et d'éviter cette apparence de caserne ou de ruche humaine qui résulte de la monotonie et de la multiplicité d'étages à peu près uniformes [2]; enfin ce sont des serres s'ouvrant sur les salons et qui s'étagent en « tours de cristal [3] ».

Fig. 4. — Tour en fer et verre, formant quatre étages de [illegible] (boulevard Malesherbes.)

Fig. 5. — Plan de la tour [illegible].

— Dans un appartement de maison à loyer, comme dans un hôtel ou une villa, il faut séparer soigneusement les pièces destinées à recevoir le public de celles qui doivent être exclusivement consacrées à la famille; les pièces réservées au service domestique doivent aussi être isolées des autres. Cette séparation est facile dans une grande habitation, où chaque étage peut recevoir une destination spéciale; mais lorsque tout ce système, à la fois d'indépendance et de communication facile, doit être réalisé dans un appartement réduit à un seul étage ou à une portion seulement d'étage, la difficulté est beaucoup plus grande, et, pour la vaincre, il faut utiliser

1. Voy. les dessins fig. 1, 2 et 3 ci-dessus, d'une maison construite par M. [illegible], boulevard de Sébastopol (rive gauche), nº 41, et l'Exemple E² de M. Lecieux.

2. Il est intéressant de comparer le procédé adopté par MM. Garnier et [illegible] pour arriver à ce résultat dans la maison Exemple B², et celui suivi par M. [illegible] dans une maison dont nous reproduisons ci-contre (fig. 1 et 2) les étages supérieurs et l'entresol. Cette dernière maison a cinq étages; les trois étages qui surmontent celui de l'entresol sont embrassés par le système de pieds-droits et d'arcatures qui portent le balcon de couronnement de la maison.

3. Voy. les fig. 4 et 5 ci-dessus.

avec habileté chaque mètre carré du terrain disponible. La meilleure étude à faire pour se rendre maître de l'art de bien distribuer un appartement, est celle des exemples exécutés par les architectes les plus expérimentés ; ce Recueil en offre un grand nombre et des plus remarquables. Mais quelques réflexions pourront aider le lecteur à mieux saisir l'esprit qui gouverne ce genre de composition.

Il y a deux courants de mouvements dans l'habitation d'une famille, que cette habitation ait l'importance d'un grand hôtel ou qu'elle se réduise aux proportions d'un très-simple appartement. Il y a la circulation des maîtres et de leurs amis ; elle s'accomplit par les voies les plus en vue, les plus nobles et les plus aisément accessibles ; et il y a la circulation des domestiques, des fournisseurs, de tous ceux qui ont part au service de la maison, et elle se fait de la façon la moins ostensible et la plus discrète possible. Ces deux courants devant être maintenus parfaitement distincts, il faut, de toute nécessité, l'escalier des maîtres et l'escalier des serviteurs. Il peut y avoir plus d'un escalier de service dans un appartement de premier ordre, mais les appartements les plus modestes en sont seuls entièrement privés.

C'est à l'antichambre de l'appartement qu'aboutissent ces deux systèmes de circulation. L'antichambre est une sorte de terrain neutre entre les maîtres et les serviteurs. C'est par l'antichambre que se réalise aussi l'indépendance, les unes par rapport aux autres, des pièces occupées par les divers membres de la famille. Ceux-ci, pour entrer ou pour sortir, devant passer naturellement par l'escalier des maîtres, ont besoin de communiquer de leurs chambres respectives avec l'antichambre qui y conduit ; lorsque cette communication ne peut pas se faire directement, elle s'exécute indirectement au moyen d'un couloir de dégagement sur lequel s'ouvrent les chambres à coucher et les autres pièces à desservir, et qui débouche sur l'antichambre.

C'est aussi par l'antichambre qu'arrivent les amis et les visiteurs, qui se rendent de là à la salle à manger ou au salon ; salon et salle à manger communiqueront donc le plus directement possible avec l'antichambre qui devient, comme on voit, le véritable foyer de la distribution, le centre autour duquel tout se groupe ; elle rattache les pièces de réception et les chambres de la famille avec l'escalier principal, aussi bien que le département des maîtres avec celui du service domestique. Il en résulte que souvent l'antichambre, entourée de toutes parts, ne peut pas recevoir de lumière directement du dehors et qu'on l'éclaire par la cage de l'escalier, pratiquant de larges baies dans sa cloison de ce côté, qu'on ferme ensuite d'un vitrage, soit dépoli, soit cannelé, ou simplement de glaces sans tain lorsqu'aucune indiscrétion n'est à redouter. L'antichambre est parfois précédée d'un vestibule ; il y a même quelquefois deux antichambres, mais ces variantes dans les plans n'infirment en rien les considérations qui précèdent ; elles facilitent seulement le service domestique, rendent les dégagements plus aisés à combiner et ajoutent à la dignité de l'appartement.

C'est dans les combles que sont réunis d'ordinaire les logements des domestiques des deux sexes, ce qui n'est pas sans inconvénients.

Nous n'ajouterons rien sur les boutiques et les magasins, rien non plus sur la théorie des décorations intérieures propres à chacune des pièces d'un appartement. Ces études de détail demanderaient des développements trop considérables pour être intercalées dans l'exposé synthétique que nous faisons ici ; leur place est ailleurs ; nous nous réservons d'en traiter dans une des publications spéciales de cette série consacrée à l'*architecture privée au XIX<sup>e</sup> siècle*.

## DES VILLAS.

L'histoire des mots d'une langue, c'est l'histoire de l'âme et de la vie d'un peuple. Le jour où l'on fera une histoire vraiment philosophique de l'art, celle des mots qui composent sa langue en formera une des parties les plus intimes et les plus profondes.

L'histoire des deux mots *art* et *style* ne fournirait-elle pas un chapitre plein d'intérêt ?

Combien de mots de la langue politique ne figurent dans nos dictionnaires que depuis la grande révolution du dernier siècle ! Les révolutions dans l'Art ont été aussi suivies de changements importants dans la langue qui lui appartient.

Le mot *château*, qui désignait à l'époque féodale une demeure seigneuriale fortifiée, dut élargir graduellement sa signification dans les siècles suivants, au point d'embrasser, même antérieurement à 1789, une foule d'habitations pacifiques et rurales appartenant à d'honnêtes personnes sans seigneurie aucune. A la fin de l'Empire et sous la Restauration, à peu près toutes les habitations de campagne des gens riches étaient ainsi nommées. L'abus était manifeste et touchait presque au ridicule dans un pays aussi démocratique que la France. Il fallait un mot nouveau pour désigner cette classe de constructions plutôt élégantes que vastes, recherchées par la bourgeoisie de moyenne fortune. On adopta le mot *villa*.

C'est aux Italiens, nos collatéraux de race latine, que nous avons emprunté ce mot villa, employé cependant par nos ancêtres Gallo-Romains, mais que nous avions perdu. Sa signification s'est altérée chez nous dès le moment de sa réimportation, comme s'est modifié le sens du mot château et sous les mêmes influences : les progrès de la démocratie.

En Italie, la villa rappelle les grandes maisons [illegible] plaisance des environs de Rome et d'autres [illegible] de la Péninsule ; toute l'Europe connaît les [illegible] villas Albani, Aldobrandini, Borghèse, M[illegible] sens du mot château s'était élargi pour em[illegible] les demeures rurales des classes moy[illegible] même, le sens du mot villa, limité il y a peu [illegible] encore aux habitations de campagne de la haute bourgeoisie, se dilate et atteint à la fois la région supérieure et la région inférieure, absorbant par en haut le château, qui lui cède quelque chose de sa fierté, et par en bas, l'habitation suburbaine où domine une plus libre fantaisie.

Cette extension dans le sens du mot villa et sa tendance à représenter toute la série des habitations de campagne occupées par les classes polies de la société, répondent bien à cette tendance à l'égalité et à cette puissance absorbante de la bourgeoisie, si caractéristiques de la France contemporaine. Comme une chose en voie de transformation ne peut pas être parfaitement désignée par un mot d'un sens fixe, au lieu de définir le mot *villa*, nous avons préféré, pour être plus exact, décrire les circonstances de la transformation qui s'accomplit; mais quelques nouvelles réflexions sont nécessaires pour compléter cette description.

A chaque période sociale les habitations ont leur caractère propre.

En France, à l'ancien régime des grands seigneurs et d'une petite bourgeoisie, correspondaient : *en ville*, de modestes maisons avec de petites boutiques, à côté de grands et somptueux hôtels; *à la campagne*, de misérables masures et des fermes à côté de châteaux plus ou moins majestueux.

Au régime de notre société moderne, formée d'une aristocratie nobiliaire expirante et d'une bourgeoisie industrieuse qui grandit chaque jour, correspondent : *en ville*, des maisons à loyer de plus en plus élégantes avec des magasins de plus en plus brillants, à côté d'hôtels plutôt confortables que vastes et magnifiques; *à la campagne*, des maisons de ferme modestes, mais parfois jolies, et de rares châteaux.

Ce n'est pas tout :

Entre ces deux termes extrêmes des habitations *urbaines* et des résidences *rurales* modernes, — et c'est là l'un des grands faits qui doivent appeler l'attention de ceux qui étudient l'architecture privée contemporaine, — il est né, principalement à l'entrée des grandes cités, dans les faubourgs et le long des voies de fer, une nouvelle classe de maisons qu'on nomme parfois *suburbaines*. Elle forme la transition entre les habitations de la ville et celles de la campagne, réunissant aux raffinements artificiels et aux conforts délicats des premières la liberté, l'espace et les charmes des champs et des jardins qui forment les grands attraits des dernières.

Voici l'origine des habitations suburbaines.

Ce n'est plus la noblesse seulement qui a maison de ville et maison des champs, ce n'est même plus la banque et la haute bourgeoisie, c'est la bourgeoisie tout entière qui veut diviser son existence entre la ville et la campagne, le bruit et le calme, l'activité et le repos réparateur. L'immense développement qu'a pris depuis quelques années l'architecture privée suburbaine, et son caractère particulier, résultent donc de l'importance croissante de la bourgeoisie, de l'activité chaque jour plus marquée de l'industrie et du commerce, qui créent la richesse, et du grand développement des chemins de fer qui permettent les déplacements rapides et à bon marché. Aujourd'hui la bourgeoisie jouit d'une grande aisance : tous ses membres peuvent s'accorder le bien-être du confort, ses hautes classes peuvent se donner sans peine toutes les satisfactions du luxe le plus raffiné. Notre architecture suburbaine est celle d'une bourgeoisie généralement riche, polie et éclairée. Elle pourrait servir à marquer le génie et le caractère de la civilisation moderne, comme les temples de l'Égypte ou ceux de la Grèce, les thermes et les amphithéâtres de Rome ou les cathédrales et les châteaux du moyen âge nous aident à comprendre et à pénétrer l'esprit des civilisations qui ont précédé la nôtre.

*L'architecture privée suburbaine* l'emporte aujourd'hui par son intérêt et son importance sur la grande architecture privée des campagnes, les châteaux véritables ne formant plus qu'une exception dans la série des habitations rurales, et n'étant plus guère, d'ailleurs, que de très-grandes habitations suburbaines au milieu des champs; si bien qu'à cette heure, on pourrait dire que l'architecture privée se résume essentiellement en architecture *urbaine* et *suburbaine*.

L'architecture privée suburbaine est née de l'esprit citadin transporté extra-muros et se propageant graduellement des environs des villes, le long des voies de communication perfectionnées, jusque dans les campagnes; et c'est parce que l'architecture suburbaine s'étend ainsi rapidement au loin, que bientôt il sera impossible de lui conserver ce nom de *suburbaine*, qui indique cependant si bien son origine, mais qui implique aussi une localisation qui devient chaque jour moins exacte.

De même que l'architecture urbaine a agi sur l'architecture rurale, de même celle-ci réagit déjà et réagira de plus en plus sur celle des villes. Familiers avec les charmes des jardins et des champs, instruits de l'action bienfaisante et hygiénique de la végétation sur la santé du corps et l'élasticité de l'esprit, les citadins riches sont de moins en moins disposés à abandonner tous ces avantages en rentrant en ville. Ils veulent en emporter quelque chose avec eux, et les serres tendent de plus en plus à devenir les dépendances nécessaires des hôtels et des belles habitations urbaines. Et ce que les riches font pour eux-mêmes, les municipalités le font pour tous, suivant en cela l'exemple de Paris, dressant des arbres par milliers le long des quais, des boulevards et des avenues, transformant en squares élégamment plantés les places publiques où naguère on ne voyait que poussière, boue, pavés glissants ou réfléchissant les ardeurs d'un soleil parfois torride.

On comprend qu'en présence de l'éclosion rapide de la forme nouvelle que prend l'architecture privée dans les faubourgs et les champs, nous ayons cherché quel mot devait s'adapter à cette branche de l'architecture et embrasser toute la série de ses productions, depuis le cottage ou le chalet jusqu'au château. C'est le mot *villa* qui nous a paru s'accorder le mieux avec les habitudes du langage et l'état des choses.

— Il est maintenant temps de se demander en quoi le style architectural de la villa peut et doit différer de celui des habitations urbaines, c'est-à-dire des hôtels et des maisons à loyer.

La villa, qu'elle soit petite ou grande, château ou chalet, a toujours le même principe : le confort dans la liberté, la ville à la campagne.

Au point de vue du confort, la villa ne diffère de l'hôtel que par un certain laisser-aller, qui doit aussi aboutir à un plus grand confort. En ville, toujours côte à côte, en présence ou sous les regards les uns des autres, on est contraint, dans l'intérêt de la dignité des relations sociales, à un respect assez sérieux des règles de l'étiquette, ce qui est un asservissement nécessaire, indispensable assurément, mais un asservissement cependant, une restriction parfois même assez pesante. Et cette étiquette qui s'impose aux hommes s'impose aussi forcément, et par voie de conséquence, aux choses. Les habitations urbaines sont plus disciplinées de caractère et de style que les maisons des champs.

La villa est à l'hôtel à peu-près ce qu'est la veste élégante à l'habit noir. Elle a plus de variété de formes, plus d'inattendu, plus de fantaisie personnelle, du style à sa façon et tout l'éclat qu'on voudra.

A l'idée d'une existence champêtre s'associe naturellement l'idée de tous les plaisirs de la campagne, la chasse, la pêche, les réunions d'amis, les promenades dans les parcs, dans les prairies et les grands bois, les parties en bateau sur les rivières et les étangs, etc. La campagne nous attire par les promesses de la santé, du bon appétit, de l'abondance et de la délicatesse de la table, en un mot, par la perspective d'un régime un peu sensuel, accompagné d'une honnête paresse d'esprit. « La vie de château, » comme on disait naguère, « la vie à la campagne, » comme on dit plus modestement aujourd'hui, c'est, il faut bien l'avouer, une existence plutôt de jouissance matérielle et de détente de l'âme, que de discipline et d'effort intellectuel.

Si bien que, sans le contre-poids de l'influence féminine, les rapports sociaux et tout l'ensemble de la vie rurale risqueraient de trop pencher du côté du sans-façon. Heureusement, l'autorité de la maîtresse de maison n'est reconnue nulle part avec plus d'empressement qu'à la campagne; nulle part, non plus, elle ne s'exerce avec plus de charme que dans cette atmosphère détendue où la bonté et la finesse natives de la femme trouvent à tout moment l'occasion de se révéler. Aucune branche d'architecture ne se ressent au même degré que celle des villas de l'influence féminine; aussi la villa, par sa nature, est-elle la forme d'édifice la plus aimable, la plus coquette. C'est à l'architecte à rendre sensibles ces qualités.

La villa n'étant pas soumise non plus aux sévères règlements d'édilité qui gouvernent les constructions urbaines, l'architecte possède une latitude de composition qu'il devra mettre à profit pour marquer à la fois et faciliter la liberté de la vie rurale.

La liberté dans le confort, le loisir avec la dignité; l'*otium cum dignitate* des anciens, nuancé d'un certain sentiment d'élégance et de délicatesse tout moderne, voilà ce qu'il faut savoir caractériser dans la villa.

Toutes les habitations rurales ne sont pas cependant égales entre elles en présence des deux principes de l'ordre et de la liberté.

Les palais et les grandes résidences héréditaires réclament, même à la campagne, quelque chose de la hauteur de style propre à marquer la distinction sociale de ceux qui les habitent; et ce style, au lieu d'arrêter son action à la limite des constructions, doit étendre son influence au delà, sur la nature elle-même, dans un certain rayon autour de l'habitation, marquant d'un signe de volonté humaine le groupement majestueux des grands arbres et la disposition des massifs d'arbustes, déterminant l'emplacement des bassins, le contour des étangs, la direction des cours d'eau, la forme des pelouses et des plates-bandes, et distribuant avec ordre les chemins et les avenues, et avec plus d'abandon les sentiers et les allées. Mais l'étude des grands châteaux et des palais n'entre pas dans le cadre de ce livre. Par suite de l'uniformité croissante des mœurs des classes aisées, les châteaux ordinaires se rapprochent, il est vrai, chaque jour de la nature des villas, et les villas tendent de plus en plus à substituer leur confort, leur liberté et leurs grâces à la gravité hautaine et à la dignité plus accentuée des châteaux. C'est cependant des villas seules que nous nous occupons ici. A voir la plupart de nos villas, il semblerait que le milieu est difficile à rencontrer entre un système d'architecture rurale symétrique à l'excès, et un système abandonné aux plus étranges dérèglements de la fantaisie.

Il y a quarante ou cinquante ans, le goût classique, qui régissait à peu près sans contrôle toutes les compositions architecturales, contribuait à donner à nos habitations rurales un caractère de sévère régularité, et la vanité malavisée de bon nombre de petits propriétaires tranchant du châtelain, fortifiait encore cette tendance. La villa ou maison de campagne, d'importance moyenne, qu'on rencontrait le plus fréquemment alors, se composait d'un grand cube surmonté d'une sorte de parallélipipède servant de belvédère. Un perron extérieur, droit ou à double rampe, bordé de vases garnis d'aloès et surmonté quelquefois d'un porche avec des colonnes imitées du dorique de Pæstum, y donnait accès. L'architecte s'efforçait de jeter sur cette masse un certain caractère rural, d'abord au moyen du belvédère, qui devait laisser supposer qu'il y avait de belles perspectives dans le voisinage, des bois, des eaux, des accidents de terrain, quelque chose enfin de mieux que la forêt de cheminées qu'offrent aux spectateurs nos grandes villes vues d'un point élevé; ensuite, par un emploi libéral, dans les soubassements, de pierre meulière, à la fois d'un aspect rustique et d'une couleur chaude, et enfin, par des montants et traverses en charpente adossés à la construction et destinés à porter de la vigne, comme dans les « Vignes » d'Italie.

Depuis vingt ou trente années, sous l'influence d'études et d'observations nouvelles, une réaction heureuse s'est faite contre cette froideur et cette pauvreté. L'extension donnée aux recherches archéologiques nous a apporté des connaissances plus étendues et plus exactes sur les habitations du moyen âge et de la renaissance, sur les châteaux et les hôtels des deux derniers siècles, et la facilité croissante des communications, en rendant plus fréquente l'habitude de visiter les pays voisins, a élargi encore le cercle de nos investigations architecturales. A ces deux sources récemment ouvertes, l'une historique et l'autre internationale, l'architecte contemporain a pu puiser une multitude d'inspirations nouvelles; il a pu introduire dans ses œuvres des formes moins banales, et importer de toutes pièces chez nous des types nouveaux : les chalets d'Allemagne ou de Suisse, et les cottages d'Angleterre. Il en est résulté, dans nos constructions rurales, infiniment plus de variété, et chez les architectes un sens plus vrai des charmes de la nature et des ressources d'agrément que peut offrir une association plus intime de l'architecture avec les créations du monde végétal. Mais il règne aussi dans l'architecture des villas un peu plus de confusion; l'architecte n'a pas su encore s'assimiler si parfaitement ses emprunts qu'il ne les laisse reconnaître souvent dans l'espèce de marqueterie que présentent un trop grand nombre de nos habitations.

Il y a des constructeurs (le plus souvent ce ne sont pas des architectes) qui semblent croire que, sans encourir jamais les censures de l'art, toute villa de proportions moyennes peut légitimement aspirer à la dignité d'une sorte de petit Versailles, ou rappeler tout au moins les lignes grandioses des vastes châteaux des XVII^e et XVIII^e siècles, qu'elle peut en singer les grandes dispositions et le noble style; et ils paraissent d'avis que la villa de petites dimensions ne saurait être traitée trop librement, ici sous la forme d'un chalet fantastique, là en cottage à tourelles et à créneaux. Ils ne paraissent pas plus soupçonner qu'il est ridicule d'imiter avec une façade de 15 à 16 mètres de développement les subdivisions d'une façade de 50 à 60 mètres, qu'ils ne semblent se douter que l'irrégularité pittoresque du cottage, au lieu de naître originairement d'une fantaisie sans règle, est l'œuvre au contraire d'un calcul fort sérieux et d'un sentiment d'art très-juste. Ce calcul avait pour objet à la fois l'utile et l'agréable : la plus grande commodité possible dans la distribution des pièces de la maison, et la vue, par les fenêtres, des perspectives les plus agréables des environs. Le sentiment d'art qui faisait adopter, dans une habitation rurale modeste, les formes irrégulières du pittoresque de préférence aux lignes symétriques d'une beauté plus sévère, était aussi juste et aussi délicat que le calcul dont nous avons parlé était sage et raisonnable; on comprenait que le style de l'habitation doit s'accorder avec celui du site où elle est placée; qu'il faut réserver le grand style pour les circonstances qui permettent l'emploi de grandes ressources, ce qui n'arrive que pour les monuments et les jardins publics, pour les palais, les châteaux et les villas importantes; que le cottage, la demeure de la fortune médiocre, doit épouser en quelque sorte les allures libres de la nature, le propriétaire manquant de moyens pour contraindre la nature à revêtir entièrement la livrée de l'art.

A la campagne, où l'espace ne manque pas, où le terrain est d'un prix relativement faible, la construction peut s'étendre à droite, à gauche, en avant ou en arrière; il n'y a donc pas de raison pour accumuler étage sur étage comme en ville. La villa ne se compose le plus souvent, en effet, que d'un rez-de-chaussée surélevé, d'un premier étage et d'un étage mansardé. A la campagne, il y a le plus souvent le recul nécessaire de tous côtés pour bien voir les façades, et l'édifice étant peu élevé, ses toits sont visibles à peu près de partout. Aussi les toits des villas, avec leurs cheminées et leurs pignons, ont-ils une importance décorative plus considérable que dans les habitations urbaines.

Les toits des maisons à loyer des villes sont placés trop haut, et les rues n'offrent pas assez de recul pour que le promeneur les distingue aisément. Les maisons qui bordent les places publiques et les maisons d'angle sont plus favorablement placées, il est vrai, et les hôtels séparés de la rue par la cour d'honneur, et comptant beaucoup moins d'étages que les maisons à loyer, laissent aussi voir leurs toits de certains points de vue, mais jamais non plus très-librement et de tous les côtés, comme à la campagne. Le toit doit donc jouer un rôle décoratif plus important dans la villa que dans l'hôtel, et surtout que dans la maison à loyer.

Les fenêtres en saillie sur les murs, interdites en ville par l'édilité, — défense trop rigoureuse, ou du moins trop absolue à notre avis, — ont aussi plus de raison d'être à la campagne qu'en ville. A l'extérieur, elles accidentent plus avantageusement les façades, et de l'intérieur elles permettent de mieux jouir des perspectives environnantes.

L'humidité du sol étant plus à redouter à la campagne qu'à la ville, parce que les eaux pluviales y pénètrent directement au lieu de couler sur les pavés et sur l'asphalte des trottoirs, l'exhaussement du rez-de-chaussée y est plus indispensable, sans compter l'avantage que peut offrir cet exhaussement pour mieux éclairer le sous-sol et le plonger moins profondément en terre. A cet exhaussement plus marqué du rez-de-chaussée de la villa, correspondent forcément des perrons plus hauts et architecturalement plus importants.

Pour la villa donc, un petit nombre d'étages, des toits, des cheminées et des pignons décorés, des fenêtres saillantes et des perrons élevés, peuvent être considérés comme des traits à peu près généraux, et dont l'habile ajustement lui donnera son vrai caractère.

Trop souvent ce sont les détails architecturaux des monuments publics qui fournissent des modèles à l'architecture privée, et ces détails, par une sorte de logique occulte dont l'architecte n'a pas toujours le secret, l'entraînent à donner à l'ensemble de la construction privée des lignes plus sévèrement ordonnées parfois qu'il ne conviendrait. Cette influence du style monumental est surtout à craindre pour la villa, et d'autant plus que la villa est moins importante.

Dans l'architecture suburbaine, plus on s'écarte des villes et plus on a de liberté, moins on est tenu de se soumettre à un régime de sévère symétrie; en revanche, plus on s'approche des villes, et plus l'architecture doit se ressentir du régime de la discipline urbaine.

A la campagne, plus une résidence est importante, et moins il convient de la soumettre à un régime de fantaisie architecturale; sa grandeur et son importance même réclament les formes nobles et élevées de l'art; en revanche, les cottages et les chalets, en adoptant les formes irrégulières du pittoresque, y trouveront à la fois plus d'avantages dans la distribution, plus de facilité à épouser les accidents du terrain et à en tirer parti, une association plus intime avec le site et la nature environnante.

Mais ces principes importants sont cependant subordonnés à un principe plus général encore : celui de l'harmonie de l'édifice avec le caractère des lieux, avec les traditions et le goût particulier de la famille pour laquelle on construit.

— Notre architecture des campagnes est loin d'avoir atteint le terme de son développement ; elle est en voie seulement de se constituer. Plusieurs de nos colléges de Paris ont leurs succursales dans la zone *extra-muros* : il en est de même des hospices et des hôpitaux : c'est tout un mouvement nouveau, immense, qui est en train de s'accomplir, sans dessein préconçu, sans entente collective, mais sous une même influence, une même pression, celle des progrès de la civilisation. La villa, avons-nous dit, c'est l'hôtel privé à la campagne ; il y faut aussi la maison à loyer ; enfin, toutes les formes de l'habitation urbaine à peu près paraissent devoir trouver tôt ou tard leur contre-partie dans les champs.

# PRIX D'ESTIMATION

## DES NOUVELLES MAISONS DE PARIS ET DES ENVIRONS.

Au lieu de donner simplement les « prix de revient » des habitations dont nous avons publié les dessins, nous avons préféré offrir à nos lecteurs un tableau des prix moyens, par mètre superficiel, de chacune des neuf classes d'habitations qui font ici l'objet de nos études, sauf à citer à titre « d'*Exemples particuliers* » les prix de revient des principaux spécimens d'hôtels, de maisons à loyer et de villas qui figurent dans ces volumes.

Les prix moyens ci-dessous ne comprennent pas les honoraires de l'architecte. Par « surface du terrain bâti » on ne comprend ni le sol des perrons ni celui des vérandes, etc.

### HOTELS PRIVÉS.

Il est assez difficile d'établir une donnée générale et par conséquent une moyenne de « prix de revient » pour les constructions de ce genre. La forme du plan, la nature des matériaux, le luxe plus ou moins grand de la décoration, etc., peuvent donner des différences de prix énormes. On peut établir, cependant, dans chacune des trois classes d'hôtels privés, un ou même deux *types* reproduisant les principaux caractères des habitations de cet ordre et auxquels nous appliquerons un prix moyen de revient.

HÔTELS PRIVÉS. — 1re CLASSE. — *1er Type*. — Plan régulier ; bâtiment élevé sur caves et sous-sol, d'un rez-de-chaussée contenant les grands appartements de réception, d'un premier étage pour les appartements privés et d'un étage de comble où se trouvent installés divers services de la maison qui n'ont pu être établis dans le sous-sol, ainsi que le logement des domestiques ; deux escaliers (un principal, un de service) ; calorifère dans le sous-sol, chauffant l'hôtel entier ; eau de la ville aux différents étages de l'hôtel, éclairage au gaz, etc. Perron sur la façade avec marquise en fer et verre.

Construction de premier ordre, très-soignée : les quatre faces en pierre de taille, les murs intérieurs et de distribution en moellons et en briques, les escaliers en pierre, les planchers et le comble en fer, la couverture en ardoises avec ornements en zinc, les parquets en chêne à l'anglaise et à point de Hongrie ; la menuiserie, la marbrerie, la peinture très-soignées ; la quincaillerie, la miroiterie, les tentures de premier choix, riches et de bon goût.

Prix moyen de revient du mètre superficiel du terrain bâti, de 600 à 650 francs.

*2e Type*. — Bâtiment élevé sur caves et sous-sol, d'un rez-de-chaussée et de deux étages, le dernier mansardé ; escalier principal et escalier de service, calorifère dans le sous-sol, distribution d'eau, éclairage au gaz.

Construction de 2e ordre : murs de la façade principale en pierre de taille, les autres en moellons ; murs intérieurs et de distribution en briques et pans de bois ; escalier principal en pierre jusqu'au premier étage, le surplus en bois, ainsi que l'escalier de service ; planchers en fer ; comble en charpente (chêne) ; couverture en ardoises et zinc ; parquets en chêne ; la menuiserie, la marbrerie, la peinture, établies plus simplement que dans le premier *type* ; la quincaillerie, la miroiterie, les tentures de choix, mais sans luxe.

Prix moyen de revient du mèt. sup. de terrain bâti, de 500 à 550 fr.

*Exemple particulier*. Spécimen B', *pl.* 1 à 41, boulevard Monceaux. Cet hôtel, construit en 1858-59, a coûté 226,608 fr. 14 c., qui se décomposent ainsi, d'après les mémoires réglés :

| | | |
|---|---|---|
| Maçonnerie | 112,376 fr. | 75 |
| Charpente | 19,850 | 13 |
| Serrurerie | 20,705 | 25 |
| Menuiserie | 18,053 | 77 |
| Marbrerie | 3,848 | 87 |
| Couverture et plomberie | 11,123 | 74 |
| Établissement des eaux de la Ville | 4,077 | 52 |
| Peinture, tenture et vitrerie | 24,267 | 05 |
| Sculpture | 2,271 | 09 |
| Carton-pierre | 3,573 | 05 |
| Pavage et bitume | 2,539 | 31 |
| Fumisterie | 4,934 | 53 |
| Appareils à gaz | 4,005 | 08 |
| Total | 226,898 fr. | 11 |

HÔTELS PRIVÉS. — 2e CLASSE. — Un hôtel privé de deuxième classe peut être construit aussi luxueusement qu'un hôtel de première classe ; seulement, comme il n'aura pas des pièces de réception aussi vastes, il devient inutile de donner autant de hauteur aux étages. L'hôtel de 2me classe se composera toujours de cours, sous-sol, rez-de-chaussée, premier étage et étage de comble.

Il est bon de remarquer, et cette observation s'applique également aux trois groupes d'habitations (hôtels privés, maisons à loyer et villas), que de deux constructions exécutées dans les mêmes conditions de soin, la plus coûteuse, par mètre superficiel, sera celle dont les pièces auront les moins grandes dimensions, puisque dans une même surface il se trouvera plus de murs de séparation et par conséquent de portes, de glaces, de cheminées, etc.

Ces causes d'aggravation de la dépense compensent assez généralement celles qui résultent de l'ornementation plus coûteuse des vastes et grandes salles des habitations plus importantes, de telle sorte que, dans les deux cas, les prix de revient, par mètre superficiel, ne s'éloignent pas sensiblement l'un de l'autre.

Le prix moyen de revient, par mètre superficiel, de nos deux types d'hôtels privés de la 2me classe, seront donc les mêmes que pour ceux de la 1re classe.

— *Exemple particulier.* Spécimen B², pl. 4 à 6, rue de Turin, nº 8.

Cet hôtel est élevé partie sur caves et partie sur sous-sol. Les fondations sont en moellons et pierre de roche Laversine; le socle de la façade sur la rue est en pierre de roche Laversine, le surplus en pierre tendre (Banc royal et Vergelé); la façade sur la cour est en pierre de roche et pierre tendre; la tourelle est en briques, la couverture en ardoises; les lucarnes sur la rue sont en pierre, celles sur la cour sont en bois; dans la cour, près le perron d'angle, est une marquise en fer forgé. La décoration intérieure des appartements (style Louis XIV) est simple mais soignée. Les appartements du rez-de-chaussée, habités par le propriétaire, ont seuls été décorés avec luxe.

Cet hôtel a coûté 201,800 francs, non compris les communs. En voici le détail :

| | |
|---|---|
| Terrasse.... .............. .. | 1,200 fr. |
| Maçonnerie, carrelage ......... | 102,000 |
| Charpente...................... | 6,200 |
| Serrurerie.. ................ | 25,000 |
| Menuiserie................... | 22,000 |
| Peinture, vitrerie, tenture ..... | 12,000 |
| Couverture, plomberie, zinguage. | 5,000 |
| Pavage, granit, bitume........ | 2,500 |
| Miroiterie.................... | 2,000 |
| Dorure...................... | 1,000 |
| Gaz........................ | 1,200 |
| Sculpture ................... | 10,000 |
| Marbrerie. ................. | 3,000 |
| Fumisterie........ ... .... | 6,000 |
| Total..... | 201,800 fr. |

La surface couverte par les constructions étant de 217 mètres, le mètre superficiel revient donc à 930 fr. 12 c.

Hôtels privés. — 3e classe. — *1er Type.* — Élevé sur caves et sous-sol, d'un rez-de-chaussée, d'un étage et d'un comble habitable; un seul escalier; eau de la Ville.

Bonne construction : mur de façade en pierre de taille, les autres en moellons; murs intérieurs en briques, escaliers en bois, planchers en fer, comble en charpente (chêne), couverture en ardoises, parquets en chêne, menuiserie soignée (mais en chêne et sapin), peinture soignée; quincaillerie, marbrerie, etc., de premier choix et même un peu luxueuses.

Prix moyen de revient du mètre sup. de terrain bâti, de 400 à 450 fr.

*2me Type.* — Élevé sur caves et sous-sol, d'un rez-de-chaussée, d'un étage et d'un comble; construction de 2me ordre : murs extérieurs en moellons, murs intérieurs en pans de bois, escalier en bois et briques, planchers et comble en bois de chêne, couverture en zinc, eau de la Ville; parquets mi-partie chêne mi-partie sapin; menuiserie et peinture ordinaires, quincaillerie, marbrerie, etc., du commerce et sans aucun luxe.

Prix moyen de revient du mètre sup. de terrain bâti, 400 fr.

— *Exemples particuliers.* Spécimens A³, pl. 1 et 2, rue de Balzac, nºs 10 et 12. Ces deux petits hôtels accouplés datent de 1858-59 et sont distribués suivant un même plan. Une très-stricte économie avait été recommandée à l'architecte, qui s'interdit, en conséquence, toute espèce de luxe dans la décoration, et réduisit même la construction aux dernières limites du bon marché. Les travaux ont été exécutés à forfait sur une base de 300 fr. le mètre superficiel, ce qui ne dépasse pour la dépense de chacun de ces deux hôtels qu'une somme de 25,000 fr., les clefs en main.

La construction est en moellons, briques et pans de bois; les planchers sont en sapin; les appuis de fenêtres, les seuils et les perrons sont en pierre; la couverture des hôtels et terrasses est en zinc. Les fondations reposent sur un tuf que l'on rencontre à un mètre au-dessous du sol de la rue.

## MAISONS A LOYER.

Les maisons à loyer ou « maisons de rapport », comme on les appelle souvent, offrent moins de prise à la fantaisie et au caprice que les hôtels privés et les villas, et leur construction étant plus uniforme, il est plus facile de les ramener à un type général dont le prix moyen de revient, par mètre superficiel, repose sur des bases plus stables et mieux connues.

Maisons a loyer. — 1re classe. — Élevée sur caves et sous-sol, d'un rez-de-chaussée, de quatre étages carrés et d'un comble. Escalier principal et escalier de service.

La première classe des maisons de rapport ne comporte même que quatre étages, attendu la hauteur considérable donnée généralement aux grands appartements.

Au rez-de-chaussée, sur la rue, boutiques et magasins, dans la cour, écuries et remises; grands appartements aux trois premiers étages; petits appartements au quatrième; le comble réservé aux logements des domestiques; calorifère dans le sous-sol, chauffant l'escalier, le vestibule et la loge du concierge. Eau de la Ville; éclairage par le gaz du vestibule et de l'escalier.

Bonne construction : la façade sur la rue et celle sur la cour en pierre de taille; les murs de refend en moellons et en briques; l'escalier en pierre jusqu'au 3me étage, le surplus, ainsi que l'escalier de service, en bois; tous les planchers en fer, le comble en chêne, les parquets aussi en chêne (à l'anglaise et à point de Hongrie); les grands appartements des trois premiers étages richement décorés; la menuiserie, la quincaillerie, la marbrerie, etc., de premier choix; la peinture établie avec soin, moulures dorées, etc.

Prix moyen de revient du mèt. sup. de terrain bâti, de 1050 à 1100 fr.

— *Exemple particulier.* Spécimen A³, pl. 1 à 5, avenue de l'Impératrice. Cette maison, construite en 1857-58, est élevée sur caves d'un rez-de-chaussée, de quatre étages carrés (le quatrième formant retraite sur l'avenue de l'Impératrice) et d'un comble. Les fosses sont établies en contre-bas des caves. La construction est de premier ordre. La façade sur l'avenue (y compris l'étage en retraite) et celle sur la cour sont en pierre : l'assise de socle, sur l'avenue, en Commercy, le rez-de-chaussée et l'entresol en Abbaye-du-Val, le premier et le deuxième étage en banc royal de Méry, l'étage en retraite et les faces sur la cour en Vergelé fin, les balcons en liais. Les murs de refend sont en briques : au rez-de-chaussée en briques de de Bourgogne et ciment, aux étages supérieurs en brique F. B. Tous les planchers, à part le faux plancher qui est en bois, sont en fer, hourdés en briques creuses. La menuiserie, la marbrerie, la quincaillerie, etc., sont traitées avec luxe. L'escalier, le vestibule, la loge du concierge et les antichambres sont chauffés par un calorifère établi dans les caves.

Toutes les cuisines sont pourvues d'eau; les eaux de la Ville ne s'élevant qu'à la hauteur du deuxième étage au-dessus de l'entresol, un réservoir a d'abord été établi à cette altitude, puis un second a été construit à la hauteur du troisième étage; ce second réservoir est alimenté par le premier au moyen d'une pompe. Ces réservoirs sont établis dans la petite cour de service, au long du mur mitoyen. Les eaux ménagères sont envoyées directement dans l'égout public au moyen de conduites en fonte; les eaux des écuries sont conduites par des caniveaux dans un puisard, pour de là être rejetées dans l'égout au moyen d'une pompe, le radier de cet égout se trouvant être en contre-haut de celui du puisard.

Cette construction offre une particularité : les écuries sont établies dans le sous-sol et sous la cour même de la maison.

La superficie totale du terrain est de 1,138m.22; les servitudes occupées par les parties plantées ont une surface de 241m.78, ce qui laisse pour le terrain utilisé en construction et en cours 896m 44, ainsi répartis :

| | |
|---|---|
| Surface des constructions.......... | 725m,31 |
| » de la grande cour.......... | 158 50 |
| » de la cour de service.......... | 11 [illegible] |
| Total.............. | 8[illegible] |

La construction entière a coûté 735,915 fr., soit 1,013 fr. 65 par mètre de surface couverte, pour les bâtiments d'habitation proprement dits, etc., et y comprenant les frais de jardinage et les écuries, 766,915 fr., soit 1,036 fr. 47 par mètre superficiel de surface couverte.

Voici les détails de ce prix de revient. Il est bon de faire remarquer que tous les travaux, la terrasse exceptée, ont été exécutés à forfait, avec marché passé, ce qui a donné à la dépense son minimum absolu.

| | |
|---|---|
| Terrasse, y compris les déblais, en contre-haut du sol de 5 mètres environ.............. | 16,1[illegible] fr. |
| Maçonnerie (32[illegible] fr. 77 par mètre)............ | 31[illegible],708 |
| Charpente en bois, comprenant le dernier plancher, le comble et les escaliers............ | 11,730 |
| Charpente en fer : planchers, poitrails (79 fr. 29 p. m.)... | 57,303 |
| Couverture, plomberie (28 fr. 49 p. m.)............ | 20,000 |
| Menuiserie (123 fr. 50 p. m.)............ | 89,655 |
| Fumisterie (25 fr. 61 p. m.)............ | 18,600 |
| Quincaillerie (75 fr. 76 p. m.)............ | 52,500 |
| Glaces (36 fr. 85 p. m.)............ | 26,775 |
| Dorure (19 fr. 28 p. m.)............ | 14,000 |
| Peinture (51 fr. 25 p. m.)............ | 38,[illegible] |
| Sculpture et plâtres (33 fr. 05 p. m.)............ | 24,000 |
| Tentures (10 fr. 12 p. m.)............ | 7,3[illegible] |
| Candélabres............ | 3,373 |
| Marbrerie............ | 27,500 |
| Sonnettes électriques............ | 2,000 |
| Égouts............ | 5,000 |
| Pavage et bitume............ | 8,500 |
| Grilles, balcons............ | 10,000 |
| Réservoirs en tôle pour les eaux de la Ville............ | 5,000 |
| Gaz............ | 2,179 |
| Premier total............ | 734,915 fr. |
| Jardinage............ 1,000 fr. / Écuries en sous-sol, tout compris............ 30,000 | 31,000 |
| Deuxième total............ | 766,915 fr. |

MAISON A LOYER. — 2e CLASSE. — Élevée sur caves et sous-sol d'un rez-de-chaussée pour boutiques et magasins, de cinq étages carrés (dont le premier et le deuxième sont assez ordinairement transformés en magasins, les trois autres divisés en moyens appartements), et d'un sixième étage lambrissé (servant de logements aux employés et aux domestiques). Escalier principal et escalier de service ; eau de la Ville ; éclairage par le gaz du vestibule et de l'escalier.

Bonne construction : façade en pierre sur la rue, en moellons sur la cour ; murs de refend et murs intérieurs en briques et pans de bois ; planchers en fer, combles en chêne, couverture en ardoises et zinc ; parquets en chêne dans toutes les pièces, les cuisines exceptées. Le premier et le deuxième étage décorés simplement, comme il convient à des magasins ; aménagement plus confortable dans les appartements supérieurs, mais sans luxe.

Les maisons à loyer de la deuxième classe ayant généralement un étage de plus que celles de la première classe, la dépense de cet étage, ajoutée à celle provenant d'une distribution en pièces plus nombreuses, fait que le prix de revient par mèt. sup., dans ces deux classes de maisons, ne diffère guère que par le luxe plus ou moins grand de l'ornementation et de la décoration de chacune d'elles.

Prix moyen de revient du mèt. sup. de terrain bâti, de 800 à 850 fr.

— *Exemples particuliers.* — Spécimen 63, *pl.* 1 à 7, boulevard de Sébastopol (rive droite), 63. Maison construite en 1859-60.

| | | |
|---|---|---|
| Maçonnerie et terrasse............ | | 83,323 fr. 07 |
| Charpente et couverture............ | | 1[illegible],675 23 |
| Menuiserie du bâtiment............ | 20,917 fr. 02 | |
| Id. supplémentaire............ | 5,356 66 | |
| Id. du magasin, en chêne poli............ | 18,865 56 | 50,918 97 |
| Id. supplémentaire du magasin............ | 5,253 88 | |
| Id. pour changement............ | 527 85 | |
| Serrurerie et gros fers............ | | 25,000 » |
| Peinture et vitrerie............ | 9,790 30 | |
| Id. supplémentaire............ | 1,228 [illegible] | 12,561 35 |
| Id. du magasin............ | 1,541 96 | |
| Marbrerie du dehors et façade............ | 43 » | 1,115 [illegible] |
| Id. intérieure............ | 1,072 41 | |
| Fumisterie............ | | 2,470 [illegible] |
| Plomberie pour la prise d'eau............ | 160 8[illegible] | |
| Id. des eaux dans la maison............ | 68 [illegible] | 1,5[illegible] [illegible] |
| Id. pour le gaz, y compris le magasin............ | 1,312 65 | |
| Bitume............ | | 114 12 |
| Branchement d'égout............ | | 310 » |
| Total............ | | 199,8[illegible] fr. [illegible] |

La superficie totale de la maison est de 258m,40, dont 141 mètres pour le bâtiment élevé à toute hauteur sur le boulevard, 41m,30 pour la cour et 10[illegible]m,10 pour les magasins, caves et bureaux élevés seulement à la hauteur du premier étage.

Le prix de revient du mèt. sup. de la maison d'habitation est d'environ [illegible] fr., compris les charges de ville, égout, trottoir, etc., mais déduction faite des dépenses (menuiserie, peinture, etc.) d'aménagement de luxe du magasin.

Les piles du sous-sol sont montées en roche dure de Châtillon ; une des jambes étrières a été fondée à 7 mètres de profondeur, par suite d'une circonstance particulière ; les fouilles en rigoles ont été remplies de 80 cent. de béton. Les cinq premières assises du rez-de-chaussée sont en roche de Lay-roche ; les chaînes, jusqu'au balcon du premier, sont en roche de Trauville (Lorraine) ; les plates-bandes, bandeaux, sommiers, etc., en banc royal ; le balcon est en liais de Saint-Denis ; le premier, au-dessus de l'entresol, en banc royal ; les étages supérieurs en Vergelé ; les murs de refend sont en moellons, avec les cheminées dans l'épaisseur en wagons de terre cuite ; les cheminées adossées aux murs mitoyens sont en boisseaux de terre cuite. La couverture est en ardoises d'Angers et en zinc no 14. Trois rangs de briques de Bourgogne et ciment séparent le rez-de-chaussée du sous-sol, afin de couper le mouvement ascensionnel des salpêtres s'il s'en formait.

— Spécimen 65, *pl.* 1 à 7, boulevard de Sébastopol (rive gauche), nos 4 et 6, anciens 2 et 4.

Construit en 1858-59, a coûté 680,000 fr., la surface couverte étant de 618m,25, le prix de revient du mètre superficiel est de 1,099 fr. 32 c.

L'architecte n'a fourni que les dessins ; c'est le propriétaire lui-même, entrepreneur de bâtiment, qui a dirigé l'exécution. Faisons observer aussi qu'il y avait obligation pour l'architecte de cette maison de raccorder les lignes principales de la façade avec celles de la fontaine Saint-Michel qui s'y trouve adossée.

— Spécimen 114, *pl.* 1 à 3, boulevard de Sébastopol (rive gauche), no 1.

Construit en 1859-60, et élevé sur un terrain vendu par la Ville à raison de 298 fr. 50 c. le mètre. Le prix de revient total (terrain et construction) est de 290,000 fr., compris honoraires et tous faux frais. Le revenu brut est de 25,000 fr. La construction fut traitée à forfait, par un seul entrepreneur, au prix de 800 fr. le mètre superficiel. Dans cette somme étaient compris les deux étages de caves, la marbrerie, la dorure, etc., sans aucun supplément.

La façade, dont les lignes devaient se raccorder avec celles des maisons uniformes de la place Saint-Michel, est en pierre (banc royal de Méry), le grand balcon en pierre de liais ; les façades sur les cours et les murs de refend sont en briques ; la cage d'escalier seule est en pan de bois. Les planchers, sauf celui de l'entresol, sont en bois.

Les murs, sur béton de 0m,80 de hauteur et 1 mètre de largeur, ont 0m,70 d'épaisseur en fondation, 0m,60 en élévation à rez-de-chaussée, 0m,55 à l'entresol, et 0m,50 au-dessus.

Des faïences vernissées, en carreaux de 0m,20 carrés, servent de revêtement aux murs du vestibule, dont le plafond est recouvert de carreaux semblables mais non vernissés. Cet essai paraît avoir bien réussi, surtout au point de vue de la propreté : un coup d'éponge suffit pour tout nettoyer.

— Spécimen 17, *pl.* 1 et 2, boulevard Saint-Germain, no 90, ancien 8.

Cette maison comprend un étage de caves dans lequel est situé la fosse d'aisances, un étage de sous-sol, un rez-de-chaussée, cinq étages carrés et un sixième lambrissé. La façade sur le boulevard est de 11m,75, et la surface totale du terrain, compris la demi-épaisseur des trois murs mitoyens, est de 147 mètres, dont 122m,75 de surface couverte, 4 mètres pour la petite cour et 20m,25 pour la grande cour au-dessus du plancher du premier étage.

Cette construction a coûté :

| | |
|---|---|
| Terrasse............ | 2,800 fr. » |
| Maçonnerie et égout............ | 20,750 » |
| Charpente............ | 9,465 » |
| Menuiserie............ | 10,062 » |
| Serrurerie............ | 10,936 » |
| Parquets............ | 4,880 » |
| Peinture et vitrerie............ | 5,245 » |
| Couverture et plomberie............ | 2,700 » |
| Marbrerie............ | 2,000 » |
| Trottoir et chaussées............ | 2,540 72 |

| | | |
|---|---|---|
| Sculpture et carton pour les dessins | 500 | » |
| Gaz, compris pose | 645 | 50 |
| Eaux, travaux extérieurs | 137 | » |
| Droits de voirie | 52 | 25 |
| Bitume, trottoir et sous-sol | 581 | » |
| Mitoyenneté, mur de droite | 3,008 | » |
| Dallage du vestibule | 263 | 35 |
| Miroiterie | 2,191 | » |
| Total | 89,511 fr. 52 | |

non compris les honoraires de l'architecte de 1,175 fr. 50 c., soit 729 fr. 20 c. par mètre superficiel de terrain bâti.

La fouille descend partout jusqu'à 7m,50 de profondeur, et à 1m,50 plus bas, c'est-à-dire à 9 mètres pour les tranchées sous les murs, sans qu'il ait été possible de rencontrer un sol très-résistant; les fondations sont assises sur un sable fin, dont le banc est fort épais et très-compressé.

Les bétons ont 1m,50 de hauteur minimum, avec un empâtement de 0m,30 sous la maçonnerie; les piles et points d'appui sont en roche de Bagneux dans toute la hauteur des caves et du sous-sol; à partir du rez-de-chaussée, les piles de la façade sont en roche des Moines, les piles intérieures et sur cour en roche de Moulin; le premier étage et les appuis sont en banc royal de Méry, le reste en pierre tendre de Méry; la cage d'escalier, les faces sur la cour et le mur de refend sont en pans de bois; les cheminées en briques et tuyaux de terre cuite. Les voûtes sont cintrées, 2/3 les estompées en moellons, 1/3 les fermetures en briques façon Bourgogne, n° 11.

Le plancher du sous-sol est en fer de 0m,16, 0m,14, ou 0m,12, suivant les portées; tous les autres sont en bois de chêne, à l'exception du faux plancher qui est en sapin.

— Spécimen L5, pl. 1 et 2, boulevard de Sébastopol (rive droite), 70.

Cette maison a été construite en 1857-58, spécialement en vue d'une location au commerce et à l'industrie, et chaque partie traitée à forfait par des entrepreneurs sérieux et capables. La dépense totale est de 416,121 fr. 18, sans les honoraires de l'architecte (21,207 fr.)

Le terrain, qui a été payé 775 fr. le mètre (705 fr. prix d'acquisition, plus 10 pour 100 de frais), est d'une contenance générale de 461m,21, dont 416m,21 de superficie couverte, et 48 mètres réservés pour la cour. Le mètre superficiel de surface couverte revient exactement à 1,000 fr., ou 1,050 fr. avec les honoraires de l'architecte.

Les matériaux employés sont : la pierre pour les faces intérieures et extérieures, la brique pour les murs de refend, le fer pour les planchers et le comble, la brique creuse pour les hourdis des planchers inférieurs, et le plâtras blanc pour les autres.

— Maison boulevard de Sébastopol (rive droite), à l'angle de la rue Pernelle.

Cette maison, construite en 1850 par le même architecte que la précédente (M. Rivière), n'a pu être traitée à forfait qu'à raison de 1,100 fr. le mètre superficiel. M. Rivière estime sa dépense moyenne ordinaire à 1,050 fr. pour une maison d'angle, et à 850 ou 900 pour une construction entre deux bâtiments mitoyens.

— A l'angle de la rue de Rivoli et de la rue Saint-Martin, M. Balme, architecte, a élevé une maison formée de deux étages de caves (le deuxième servant de sous-sol), d'un rez-de-chaussée, de quatre étages carrés, d'un cinquième en retraite et d'un comble, soit huit étages et le comble. Les façades sur rue sont en pierre, et tous les planchers en fer; les intérieurs sont simples, comme il convient à une maison livrée au commerce, et les matériaux sont de bonne qualité.

Cette maison, dont la surface bâtie est de 212 mètres, a coûté 217,871 fr. 97, soit 1,024 fr. le mètre superficiel. En voici les détails :

| | | |
|---|---|---|
| Terrasse, maçonnerie | 101,390 fr. | 41 |
| Planchers en fer et charpente | 56,108 | 55 |
| Couverture, plomberie | 9,173 | 90 |
| Menuiserie | 31,008 | 81 |
| Quincaillerie | 12,314 | 21 |
| Fumisterie | 5,303 | 95 |
| Marbrerie | 5,324 | 30 |
| Sculpture intérieure | 2,258 | » |
| Peinture | 11,147 | 91 |
| Miroiterie | 3,163 | 87 |
| Papiers | 705 | 40 |
| Égouts | 705 | 63 |
| Total | 217,871 fr. | 97 |

A ce total il faudrait ajouter les frais de trottoirs auxquels la Ville a contribué dans une certaine proportion, et ceux de l'établissement du gaz, ce qui porterait à environ 1,025 fr. le prix du mètre superficiel.

Dans cet exemple, il faut tenir compte de l'excédant de dépenses résultant : 1° de la position d'angle de la maison; 2° de la construction d'un second étage de caves.

MAISONS A LOYER. — 3e CLASSE. — Élevée sur caves d'un rez-de-chaussée, de cinq étages carrés et d'un sixième en retraite et lambrissé; pas d'escalier de service; souvent pas de cours; tous les étages divisés en petits appartements.

Bonne construction; façade sur la rue en pierre de taille, façade sur la cour et murs de refend en moellons et pans de bois; escalier en bois; planchers en bois, comble en charpente; couverture en zinc; parquets dans toutes les pièces, les cuisines exceptées; menuiserie ordinaire; quincaillerie, fumisterie, marbrerie, établies dans des conditions de bon marché relatif; eau de la Ville; vestibule et escalier éclairés au gaz.

Prix moyen de revient du mèt. sup. de terrain bâti, de 500 à 550 fr.

— *Exemples particuliers.* — Maison rue Bellefond. (Voy. notre *Parallèle de plans de maisons à loyer de troisième classe.*)

Cette maison est élevée sur sous-sol, d'un rez-de-chaussée et de cinq étages carrés, avec comble perdu. Les murs de face et d'intérieur sont en moellons, les murs de refend en pans de bois; les planchers sont en fer; toutes les pièces, les cuisines exceptées, sont parquetées; les portes sont en chêne et sapin, et tous les plafonds sont ornés de corniches.

Construite en 1859, elle a coûté :

| | |
|---|---|
| Maçonnerie | 27,330 fr. |
| Charpente | 3,000 |
| Couverture en zinc | 2,100 |
| Menuiserie | 10,104 |
| Serrurerie | 11,500 |
| Fumisterie | 1,200 |
| Marbrerie | 850 |
| Peinture, tenture, vitrerie | 3,200 |
| Carrelage, vestibule | 230 |
| Pavage | 500 |
| Total | 60,790 fr. |

Ce qui, pour une surface bâtie de 125 mètres, donne un chiffre de 485 francs pour prix de revient du mètre superficiel.

— Spécimen B4, pl. 1 et 2, grande rue, n° 5, à Batignolles-Paris.

Cette maison, construite en 1857-58, offre cette particularité, que l'entrée, au lieu d'être sur la rue, est sur une cour commune attenante à un passage voisin; cette disposition avait été imposée à l'architecte afin de laisser entièrement vides le rez-de-chaussée et l'entre-sol destinés à servir de café.

La maison a cinq étages, dont les deux derniers avec terrasse; elle a coûté 69,300 francs, répartis comme suit :

| | |
|---|---|
| Terrasse, maçonnerie et carrelage | 27,300 fr. |
| Charpente | 3,840 |
| Couverture et plomberie | 2,500 |
| Menuiserie | 12,800 |
| Serrurerie et fontes | 15,300 |
| Marbrerie | 4,300 |
| Fumisterie | 800 |
| Peinture, tenture et vitrerie | 1,600 |
| Sculpture | 310 |
| Total | 69,300 fr. |

La surface du terrain couvert étant de 110 mètres carrés d'axe en axe des murs mitoyens, le prix du mèt. sup. ressort donc à 630 francs.

Les matériaux employés dans cette construction, où il n'y a ni murs de refend ni pans de bois, sont : le moellon de la plaine, dur pour les murs, franc pour les voûtes des caves; la roche de Bagneux pour les jambes étrières, parpaings et descentes de caves; la pierre tendre de Méry pour toute la façade sur la rue au-dessus de l'entre-sol. Cloisons légères pour les distributions dans les étages, avec briques de pays au droit des tuyaux de cheminée; cheminées en poteries dites Gourlier; corniches en plâtre dans toutes les pièces, sauf les cuisines et les cabinets. Tous les planchers sont en fer à T, y compris celui du sous-sol au-dessus du laboratoire; le faux plancher seul et le comble sont en bois. Toutes les pièces sont parquetées, hormis les cuisines et les cabinets, en chêne à point de Hongrie pour les pièces principales, en chêne à l'anglaise pour les autres; toutes les portes intérieures sont en lambris, chêne, à grands cadres; bâtis 0m,035, panneau 0m,020; la devanture des boutiques, la porte du vestibule et les croisées sur les deux faces sont en chêne. Tout le reste de la menuiserie, moulures, chambranles, baguettes, armoires, tablettes, etc., est en sapin.

— Spécimen C5, pl. 1 et 2, rue de Longchamps.

Cette maison, construite en 1858-59, est élevée sur caves et sous-sol, d'un rez-de-chaussée, de quatre étages carrés et d'un comble; tout le sous-sol est voûté.

Elle a coûté 81,268 francs, répartis de la manière suivante :

| | |
|---|---|
| Terrasse, maçonnerie et carrelage...... | 22,3[illegible] fr. |
| Charpente........................ | [illegible] |
| Couverture et plomberie.................. | 2,5[illegible] |
| Menuiserie.......................... | [illegible] |
| Serrurerie et fontes ................ | 7,[illegible] |
| Marbrerie........................ | 1,[illegible] |
| Fumisterie........................ | [illegible] |
| Peinture, tenture et vitrerie............ | [illegible] |
| Sculpture........................ | 300 |
| Total.................. | 81,268 fr. |

Cette maison contient une superficie de terrain de 162 mètres, et après l'épaisseur totale des murs mitoyens, le prix de construction du mèt. sup. revient à 51[illegible] francs.

Les matériaux employés sont, à très-peu près, les mêmes que dans la maison précédente, spécimen 67; les planchers cependant sont tous en bois au lieu d'être en fer, et la brique de Bourgogne a été employée pour la façade sur la cour, dans toute la hauteur du rez-de-chaussée.

— Spécimen [illegible] pl. 1 et 2, boulevard du Prince-Eugène et rue de la Roquette. Groupe de trois maisons.

Celle qui est à l'angle du boulevard du Prince-Eugène et de la rue de la Roquette a été bâtie en 1860-61 en vue de fournir des logements au prix moyen de 250 à 300 francs par an. La surface de terrain de cette maison est de 26[illegible]m.77; le prix de revient de la construction est de 650 francs le mèt. sup. et de 25 francs le mètre cube.

Les prix de revient de cette maison sont indiqués à la fois au mètre superficiel et au mètre cube, attendu qu'il y a des travaux dans les cours qui comportent des caves et un rez-de-chaussée seulement. Ces parties n'ont pu être régulièrement comprises dans l'estimation moyenne par mètre superficiel. Même observation pour les deux maisons qui suivent.

La deuxième maison, faisant suite à la précédente, sur la rue de la Roquette, date de 1860-61; elle est revenue à 600 fr. le mètre superficiel ou 23 fr. le mètre cube, la surface du terrain étant de 266m.05.

La troisième maison, à la suite de la précédente, mais formant angle comme la première, a été bâtie également en 1860-61. Le propriétaire avait imposé à l'architecte une distribution telle que la moyenne des logements restât dans les prix de 300 à 900 francs. Cette maison, dont le terrain occupe une surface de 310m.60, a coûté 700 fr. le mètre superficiel ou 25 fr. le mètre cube.

Dans les évaluations ci-dessus sont compris les glaces et la viabilité, mais comme trottoirs et égouts particuliers seulement; les honoraires de l'architecte n'y sont pas compris.

Toutes ces maisons, grâce à l'élévation du loyer des boutiques, calculé à raison de 40 fr. du mètre superficiel, rapportent environ 10 pour 100 du capital engagé.

Ces constructions sont avec sous-sol, mais elles n'ont pas de deuxièmes caves; elles sont établies sans économie comme gros œuvre. Tous les points d'appui et dessertes sont en pierre de taille depuis la basse fondation; le rez-de-chaussée et le premier étage sont en pierre de Lorraine, les façades en banc royal de Marly-la-Ville et de Saint-Maximin; les planchers sont en fer partout, avec chaînes dessus et dessous, dans le genre des planchers système Bleau, mais avec entretoises au lieu d'entrailes; les murs sur les cours et les murs de refend sont en briques et pans de bois; la menuiserie et la serrurerie ont été largement et solidement établies, mais sans luxe. La sculpture des trois façades n'a coûté que 6,500 fr. Si ces trois maisons, élevées de six étages et construites avec autant de solidité que les bâtiments de deuxième classe, n'ont pas coûté plus cher de prix de revient, malgré les nombreuses distributions intérieures exigées par la destination en petits logements, on doit l'attribuer aux marchés passés avec les entrepreneurs et au rabais fort grand que ces derniers ont consenti.

## VILLAS.

Le plus ou moins de luxe des matériaux employés dans la construction des villas, et la recherche plus ou moins marquée qu'on apportera à leur décoration, fera varier leurs prix de revient dans des proportions au moins aussi considérables que pour les hôtels.

En général la villa est élevée sur caves et sous-sol (mi-partie l'un, mi-partie l'autre), d'un rez-de-chaussée, d'un premier étage carré et d'un second étage lambrissé (quelquefois le second étage aussi est carré, pour que le toit puisse former terrasse); les baies du dernier étage sont ordinairement ornées de lucarnes. Parfois aussi, mais assez rarement, la villa peut compter plus de deux étages; c'est qu'alors est intervenu quelque circonstance particulière, comme une superficie à bâtir restreinte ou un nombreux personnel à loger.

Il existe de nombreux points de ressemblance entre les villas et les hôtels privés, et, au point de vue spécial du prix moyen de revient du mètre superficiel, il n'y a pour ainsi dire pas de différence, en considérant, comme nous le faisons ici, simplement et seulement les conditions générales et ordinaires des constructions. Si dans les hôtels privés on rencontre certains détails qui ne se trouvent pas dans les villas, celles-ci en possèdent d'autres que n'ont point d'ordinaire les hôtels privés et qui font compensation.

VILLAS. — 4re CLASSE. — Sous-sol et caves, rez-de-chaussée, deux étages et comble; perron avec marquise ou varande en fer; serre chaude adossée au bâtiment; calorifère dans le sous-sol chauffant la serre et la maison d'habitation; escalier principal et escalier de service.

Bonne construction; le soubassement des murs en pierre de taille, ainsi que les murs des deux façades principale et postérieure; les autres murs en moellons, avec cordons, bandeaux, etc., en pierre; les murs de refend en briques; les planchers en fer, le comble et la faux plancher en chêne, la couverture en ardoises et zinc avec ornements de plomb; l'escalier principal en pierre jusqu'au premier étage, le reste en bois, ainsi que l'escalier de service; menuiserie et peinture soignées; aménagement et décoration intérieure très-confortables, mais sans trop de luxe.

Prix moyen de revient du mèt. sup., de 500 à 600 fr.

— *Exemples particuliers.* — Spécimen *B*¹, *pl.* 1 à 5, à Pierrefonds (Oise).

Construit en pierre et briques, le soubassement en pierre dure et les étages au-dessus en pierre de Pierrefonds de très-bonne qualité; le grand escalier est en pierre de liais jusqu'au premier étage. Les couvertures et plomberies ont été exécutées avec grand soin. Les eaux des combles s'écoulent dans des égouts latéraux, destinés également à assainir les abords du château. A quelque distance de la façade postérieure sont des communs importants.

Les intérieurs sont traités simplement; ni dorures ni pâtes, mais des lambris de chêne et des tentures; le salon est blanc et décoré de panneaux.

La dépense s'est élevée, pour le corps d'habitation seulement, à 250,000 fr., chiffre rond.

— Spécimen *B*², *pl.* 1 à 15, parc de Montretout, à Saint-Cloud (Seine-et-Oise).

Cette villa, construite pour M. Mocquard, sénateur, secrétaire particulier de l'Empereur, date de 1858-1860. Une stricte économie avait été recommandée à l'architecte, qui a dû resserrer dans d'étroites limites la décoration de sa villa. Les murs de cette construction sont en moellons, briques et pans de bois; les appuis des fenêtres, les seuils et les perrons sont en pierre; tous les planchers sont en bois, à l'exception de celui du premier étage qui est en fer; les brisis de la couverture sont en ardoise et les terrassons en zinc.

L'ensemble des travaux, y compris terrassements, remblais, murs de soutènement, murs et grilles de clôture, a donné lieu à une dépense de 240,000 francs. Dans cette dépense figurent les travaux extraordinaires nécessités par l'état du sol inférieur, qui avait été fouillé en carrières. Le corps de bâtiment principal seul revient à 430 fr. environ le mètre sup.

— Villa à Colombes (Seine). (*Voy. Parallèles de villas de 1re classe.*)

Cette villa, construite en 1863-64, est élevée sur sous-sol avec fossés en contre-bas, d'un rez-de-chaussée, d'un premier étage carré et d'un deuxième étage lambrissé, avec comble perdu. Le soubassement, jusqu'à la hauteur du rez-de-chaussée, est élevé en meulière piquée; les murs extérieurs sont en moellons avec cordons, bandeaux et entablement en pierre Vergelé; les murs intérieurs sont en moellons, les murs de refend en briques; les tuyaux de cheminée en briques Gourlier, les planchers en fer, la couverture en ardoises et zinc. Une serre chaude règne de plain-pied avec le rez-de-chaussée; elle est chauffée, ainsi que le rez-de-chaussée et le premier étage, par un calorifère établi dans le sous-sol. Le perron d'entrée est recouvert d'une varande en fer de forme circulaire. Les eaux des toits sont reçues dans une citerne, le sol de la cour étant en contre-bas de la route; les eaux ménagères et celles des ruisseaux sont recueillies dans des caniveaux qui les conduisent à un puisard placé à 120 mètres environ du bâtiment d'habitation. L'aménagement intérieur, sans être très-luxueux, est tout à fait confortable.

Cette villa, dont la surface bâtie est de 270 mètres, a coûté 127,000 fr., soit 470 fr. le mètre superficiel, y compris la serre exécutée à forfait par un entrepreneur pour la somme de 6,000 fr. Voici le détail de ce chiffre de 127,000 fr. :

| | |
|---|---|
| Maçonnerie | 51,000 fr. |
| Charpente, comble et escaliers | 5,000 |
| Serrurerie (planchers et quincailleries) | 16,000 |
| id. (varande et serre) | 13,000 |
| Menuiserie | 17,200 |
| Peintures | 8,700 |
| Papiers | 4,500 |
| Fumisterie | 1,500 |
| Couverture, plomberie | [illegible] |
| Marbrerie | 2,500 |
| Carrelage vestibule (bitume mosaïque) | 500 |
| Sculpture | 1,000 |
| Glaces | 1,000 |
| Total | 137,000 fr. |

VILLAS. — 2e CLASSE. — Même genre de construction que la villa de 1re classe précédemment décrite, mais sans varande ni serre chaude. Construction et décoration bien traitées, tant à l'extérieur qu'à l'intérieur, mais avec moins de luxe que pour la 1re classe.

Prix moyen de revient du mèt. sup. de terrain bâti, de 500 à 600 fr.

— *Exemples particuliers.* — Spécimen 42, *pl.* 1 à 3, avenue de l'Impératrice. Les travaux de cette villa ont été traités avec le plus grand soin, et ont coûté 151,980 fr. 61 c.

Voici le détail du prix total :

| | | |
|---|---|---|
| Terrasse et maçonnerie | 70,326 fr. | 35 c. |
| Charpente | 5,767 | 30 |
| Couverture | 7,832 | 42 |
| Plomberie | 2,270 | 86 |
| Menuiserie | 18,170 | 45 |
| Serrurerie | 16,663 | 10 |
| Marbrerie | 3,500 | » |
| Fumisterie | 2,582 | » |
| Sculpture et pâtes | 6,358 | » |
| Peinture, vitrerie, tenture et dorure | 17,752 | » |
| Bitume | 428 | 24 |
| Total pour l'habitation seulement | 151,980 fr. | 61 c. |

— Spécimen 47, *pl.* 1 à 4, avenue de l'Impératrice.

Cette habitation, construite en 1857-58, a coûté, à forfait, 87,000 fr., ce qui, pour une surface bâtie d'environ 217 mètres, donne à peu près 400 fr. comme prix de revient du mètre superficiel.

Cette villa a cinq hauteurs d'étages, savoir : caves, rez-de-chaussée, premier étage, deuxième étage et comble habitable. Elle est construite en moellons et mortier dans les caves, moellons et plâtre en élévation ; une assise de pierre règne au niveau du sol tout au pourtour du bâtiment ; les caves sont voûtées, les planchers sont en bois, et la couverture en zinc. Les lucarnes, le chéneau, les chapiteaux des pilastres, les ornements des tympans des croisées du premier étage, les rosaces, balustres, vasques et vases sont en terre cuite blanche de la manufacture de M. Garnaud. Les ornements intérieurs sont en carton-pâte de Hoeper et Valadon, sculpteurs ; la décoration de fleurs et d'ornements dans les salons est de Moynet, peintre-décorateur. Le terrain où a été construit cette villa était grevé de la servitude inhérente à l'avenue de l'Impératrice, de ne pouvoir bâtir qu'à 10 mètres au moins de la grille de clôture de la propriété.

— Spécimen 49, *pl.* 1 à 7, boulevard d'Argenson, à Neuilly (Seine).

Cette villa, construite en 1859, se compose : 1° d'un bâtiment d'habitation complétement isolé, élevé sur caves et sous-sol, d'un rez-de-chaussée comprenant l'appartement de réception, d'un 1er étage disposé pour chambres de maître et d'un second étage mansardé ; superficie, 229m,21 ; 2° d'un petit pavillon de jardinier adossé au mur mitoyen et comprenant : au rez-de-chaussée, un salon et une cuisine ; au premier étage, deux chambres à coucher ; superficie, 31m,60 ; 3° de dépendances ou communs formés d'un corps de bâtiment adossé au mur mitoyen, avec une grande cour pavée demi-circulaire, en avant, et comprenant : au rez-de-chaussée, des écuries pour cinq chevaux, une remise pour trois voitures et une sellerie, et au premier étage de vastes greniers et des chambres pour cochers. Au milieu de ce bâtiment est un pavillon disposé pour un manège et un escalier desservant le premier étage ; dans la partie supérieure de ce pavillon est établi un réservoir en tôle d'une capacité de 10,000 litres, pour l'alimentation de la propriété : superficie des dépendances, 122m,90.

La superficie totale des constructions est donc de 383m,61 ; le prix de revient total, dont ci-dessous le détail, est de 162,560 fr. 07, soit 423 fr. par mètre superficiel de terrain bâti, ou 445 fr., en comptant les honoraires de l'architecte.

| | | |
|---|---|---|
| Terrasse, maçonnerie, carrelage | 62,500 fr. | 86 c. |
| Charpente | 12,500 | » |
| Serrurerie | 24,002 | » |
| Menuiserie | 27,301 | 60 |
| Couverture | 8,249 | 70 |
| Sculpture, carton-pâte | 4,750 | » |
| Marbrerie, cheminées | 2,543 | » |
| Pavage | 2,198 | 72 |
| Peinture | 12,759 | 76 |
| Fumisterie | 6,505 | 53 |
| Stuc | 362 | 05 |
| Glaces | 2,000 | » |
| Total | 162,560 fr. | 07 c. |

Sans compter les honoraires de l'architecte (8,128 fr. 30 c.).

Le bâtiment principal est construit en pierre, moellons et meulière ; les soubassements sont en pierre et meulière, les quatre grands perrons en roche, les bandeaux et balcons en pierre de roche, les lucarnes et entablements en Vergelé ; les planchers sont en bois. La couverture en ardoises et zinc. Les dépendances et le bâtiment du jardinier sont en briques, sur socle en pierre. Toutes ces constructions ont été faites dans de bonnes conditions de solidité, bien qu'on ait cherché une sage économie dans l'emploi des matériaux.

— Spécimen 17, *pl.* 1 et 2, boulevard du Château, 23, à Neuilly (Seine).

La construction de cette villa, avec ses dépendances, a coûté, suivant mémoires réglés, 136,285 fr. 84 c., non compris les honoraires de l'architecte de 6,814 fr. 26 c.

La surface totale de la propriété est de 4,914 mètres.

*Détail du prix de revient total.*

| | | |
|---|---|---|
| Maçonnerie | 54,434 fr. | 33 c. |
| Charpente | 12,500 | » |
| Couverture en ardoises | 1,691 | » |
| — zinc et plomberie, pompe | 6,409 | 03 |
| Menuiserie | 13,868 | 02 |
| Serrurerie | 11,505 | » |
| Serrurerie d'art | 6,558 | 35 |
| Peinture, vitrerie (verre double) | 6,711 | 64 |
| Miroiterie et vitrerie du rez-de-chaussée | 2,470 | » |
| Fumisterie (compris un calorifère) | 3,357 | » |
| Papiers peints | 736 | » |
| Marbrerie | 5,113 | » |
| Sculpture et carton-pierre | 1,260 | » |
| Bitumes pour caniveaux du cellier et de la serre | 253 | » |
| Pavage du revers de la maison | 415 | » |
| Ferme-persiennes (système Havé), pour croisées, cheminées | 150 | » |
| Serre et varande (fer et verre) | 3,197 | 50 |
| Forage du puits | 500 | » |
| Appareil pour chauffage de la serre | 531 | » |
| Grillages pour poulaillers | 300 | » |
| Kiosque avec pont, bois de grume et bauge, doublure intérieure en sapin rouge, vitrerie en plomb, carrelage rouge et noir | 1,000 | » |
| Jardinage comprenant : défoncement du sol, mouvement des terres, allées, gazon, plantation d'arbres verts, d'arbres fruitiers, etc. ; première mise en état, compris terreau, fumier, etc. | 4,700 | » |
| Total | 136,285 fr. | 84 c. |

*Prix de revient par genres de construction.*

1° Maison d'habitation (14 m. × 12 m.) composée d'un sous-sol, d'un rez-de-chaussée de 3m,50 de hauteur, d'un premier étage de 3m, d'un brisis de 2m,60, avec grenier au-dessus :

| | | | | |
|---|---|---|---|---|
| Maçonnerie. | Perron du derrière | 2,434 fr. | » | 33,434 fr. 72 |
| | Perron en corbeille | 2,292 | » | |
| | Deux lucarnes en Vergelé | 600 | » | |
| | Six angles en aubettes | 155 | » | |
| | Décoration des quatre façades | 1,868 | » | |
| | Gros œuvre, distribution | 26,085 | 72 | |
| Charpente en chêne, comble en sapin | | | | 11,605 » |
| Couverture en ardoises ; noquets et arêtière en zinc | | | | 1,691 » |
| Menuiserie | | | | 12,216 69 |
| Serrurerie (chaînage bien complet) | | | | 11,564 » |
| Serrurerie d'art pour rampes et panneaux | | | | 3,339 35 |
| Plomberie et zinc pour chéneaux, membrons, faîtage, bavettes, garde-robes, petite pompe au-dessus de la pierre d'évier | | | | 3,198 03 |
| Fumisterie ordinaire | | 1,387 | » | 3,309 » |
| — un calorifère | | 1,922 | » | |
| Peinture, vitrerie verre double | | | | 4,919 84 |
| Papiers peints | | | | 736 » |

| | | |
|---|---|---|
| [illegible] | | 3,415 » |
| [illegible] | | 2,[illegible] » |
| [illegible] pierre [illegible] et pierre [illegible] | | |
| [illegible] | 1,300 fr. » | 1,800 » |
| [illegible] pierre | 500 » | |
| [illegible] | | 150 » |
| [illegible] | | 175 » |
| [illegible] | | 650 » |
| Total | | 91,112 fr. 63 |

Ce qui, pour une surface de 108 mètres, donne pour prix de revient du mètre superficiel du bâtiment d'habitation seul, 840 francs.

2° Clôtures.

| | | |
|---|---|---|
| Sur le boulevard du château : soubassement en meulière piquée, hauteur en [illegible] de Châtillon [illegible] pour l'ensemble de la maçonnerie | 2,752 fr. 87 | 6,091 fr. 87 |
| Grille en fer, [illegible] | 3,120 » | |
| Peinture en [illegible] | 200 » | |
| Les trois autres côtés, 253 mètres de développement, 2m,50 sous chaperon, plus 0m,60 de fondation ; moellons et mortier [illegible] à 1 mètre au-dessus du sol, enduit de 0m,03 pour le clos, [illegible] saillant pour abriter les espaliers | | 8,573 » 66 |
| Total | | 14,665 fr. 53 |

3° Travaux divers.

| | | |
|---|---|---|
| Deux pavillons en briques à droite et à gauche, [illegible] | | 12,047 fr. 68 |
| Petite rivière avec rocher et kiosque au-dessus, [illegible] de [illegible] | | 5,000 » |
| Serre et varande du bâtiment | | 1,200 » |
| Forage du puits | 300 fr. » | 2,500 » |
| Pompe au-dessus | 500 » | |
| Réservoir en zinc | 200 » | |
| Conduites et aspiration en plomb pour l'arrosage, conduite pour mener les eaux de la maison à la rivière, etc. | 1,500 » | |
| Jardinage (première mise en état) | | 1,760 » |
| Total | | 27,507 fr. 68 |

| | |
|---|---|
| Résumé : 1° Maison d'habitation | 94,112 fr. 63 |
| 2° Clôtures | 14,665 53 |
| 3° Travaux divers | 27,507 68 |
| Total égal | 136,285 fr. 84 |

La construction de cette villa a été faite dans de bonnes conditions. La fosse est en meulière en seconde fondation ; le sous-sol en meulière avec [illegible] et arcs en briques ; le soubassement est en meulière piquée, jointoyée à l'anglaise et coiffée d'une assise de roche ou cordon de 0m,50 de hauteur ; au-dessus on a employé le moellon du pays (Nanterre) ; presque toutes les chaînes et [illegible] sont en briques brunes de Vaugirard et de Bourg ; dans l'épaisseur des murs de face sont des tuyaux en briques cintrées, les têtes de cheminées en briques et pierre [illegible] ; les deux lucarnes centrales et les [illegible] en pierre [illegible] ; les deux perrons ont [illegible], avec marches d'un seul morceau pour le perron en [illegible] encadrement en pierre de roche pour les jours du soubassement.

Les planchers sont en bois, celui au-dessus du cellier est seul en fer.

Tous les murs sont couverts d'un fort enduit en plâtre de 0m,03 à 0m,04.

La couverture est en ardoises avec chéneaux en zinc n° 16, faîtage en plomb, derrière de cheminées et bavette de membron également en plomb.

Un calorifère chauffe toute la maison.

L'escalier est en charpente apparente avec aiguilles pendantes et rampe en fer forgé, à 103 fr. le mètre ; la même rampe est appliquée aux perrons.

Toutes les pièces sont parquetées ; le parquet du rez-de-chaussée seulement est en merrain [illegible] ; les peintures intérieures (quatre couches) et les peintures extérieures (quatre couches dont deux à l'huile bouillante) ont été très-soignées ; très-peu de dorure ; carrelage en marbre de plusieurs couleurs dans le vestibule. Grande simplicité de décoration dans les étages supérieurs.

— Spécimen 67, pl. 1 et 2, à Villers-Cotterets (Aisne).

Construit entièrement de matériaux [illegible] d'occasion et dans de très-bonnes conditions.

| | |
|---|---|
| A coûté | 40,500 |
| Pour les perrons | 4,500 |
| Total | 45,000 |

Une villa construite dans les mêmes données que celle ci-dessus, mais avec des matériaux neufs, et en y ajoutant les [illegible] frais, conduite de travaux, bénéfices, etc., coûterait environ 20,000 fr. de plus, soit 65,000 fr., ce qui, la surface étant de 156 mètres, donnerait 417 fr. 67 c. pour prix du mèt. sup.

[illegible]

— Une villa de deuxième classe construite par M. Raban, architecte, en 1855, est revenue à 57,000 francs, soit pour une surface de 221 mètres, 258 francs le mètre superficiel. Cette villa était élevée sur sous-sol de deux étages carrés et d'un étage lambrissé ; elle n'avait ni serre, ni véranda, mais la construction intérieure était bien traitée.

VILLAS. — 3e CLASSE. — Analogue à celle de la 2e classe ; toutefois ni marquise ni serre ; murs extérieurs en moellons, murs intérieurs en pans de bois, planchers et comble en bois, escaliers en bois ; pas de calorifère dans le sous-sol ; décorations et aménagements intérieurs confortables, mais sans aucun luxe.

Prix moyen de revient du mèt. sup. de terrain bâti, de 400 à 500 fr.

— *Exemple, particuliers.* — Spécimen 43, pl. 1 à 5, rue de la Pompe, à Passy-Paris.

Ces constructions, formant chacune deux groupes de cinq petites villas, distribuées sur un même plan, ont été élevées en 1856-57.

La construction est de même nature que celle des deux petits hôtels privés de la rue Balzac, dont nous avons parlé (vol. 2 p. 25), à l'exception de la couverture dont les brisis sont en ardoises et les terrassons en zinc. Le sol des fondations, composé de sable et de cailloux, est moins résistant que celui de la rue Balzac ; il s'est rencontré à 2m,50 au-dessous du niveau du sol de la rue de la Pompe.

Les travaux ont été exécutés à forfait sur une base de 340 francs le mèt. sup., ce qui a donné un prix moyen de 28,000 francs pour chaque hôtel.

— Spécimen 87, pl. 1, à la Varenne-Saint-Maur (Seine).

Cette petite villa fut construite en 1858 ; elle a coûté :

| | |
|---|---|
| Maçonnerie, charpente et gros fer | 10,213 fr. |
| Serrurerie | 1,287 |
| Menuiserie | 3,275 |
| Peinture | 2,397 |
| Fumisterie et calorifère | 1,121 |
| Couverture | 1,057 |
| Glomelle [illegible] | 160 |
| Pierre factice | 610 |
| Marbrerie | 350 |
| Passeaux et bois découpés de la marquise | 400 |
| Papiers de tenture | 500 |
| Total | 21,700 fr. |

Soit 281 fr. 80 c. par mètre superficiel, la surface étant de 76m,93. Ce chiffre est certainement au-dessous de tout ce qu'on pourrait obtenir aujourd'hui. Le programme donné à l'architecte lui imposait de ne pas dépasser 20,000 fr.

Une partie du sous-sol est voûtée ; le plancher au-dessus du cellier est en bois ; un calorifère a été établi dans le sous-sol. La fosse est en contre-bas du sous-sol. Tous les murs de face sont en meulière de la plaine de Saint-Maur ; les tuyaux de fumée et de chaleur sont engagés dans ces murs ; les murs de refend sont en briques du pays au rez-de-chaussée, et en pans de bois au premier étage ; tous les planchers sont en bois de chêne.

8

le comble et le faux plancher en sapin [illegible] charpente; tous les ravalements sont en plâtre. La partie inférieure du socle est en meulière piquée, le surplus en rocaillage avec bandeau en plâtre; la balustrade du perron est en pierre [illegible], de même que le [illegible] de la salle de billard, les [illegible] et le couronnement des cheminées. Autour du bâtiment existe un revers en pavé. La couverture est en ardoises d'Angers pour le brisis; la partie supérieure est en zinc n° 12, avec plomberie sur le poinçon; le chéneau est en zinc n° 14. Tous les bandeaux sont recouverts en zinc. La menuiserie est de bonne qualité; les croisées sont munies de persiennes; le rez-de-chaussée et le premier étage sont parquetés en chêne à l'anglaise; la quincaillerie et la peinture sont de bonne qualité; les [illegible] sont fait par [illegible].

— Spécimen n° [illegible], pl. 1 à 3, à Neuilly (Seine).

Cette villa, construite en [illegible], a coûté 25,000 fr., soit [illegible] fr. par mètre superficiel, la surface couverte étant de 120 mètres environ.

Les travaux ont été exécutés à forfait par un entrepreneur général.

— Villa à Boulogne-sur-Seine. Voy. *Parallèle de villas de 2e classe.*

Cette villa a été construite en [illegible]. La surface bâtie est de 130m,79, le prix de revient total de [illegible] fr., ce qui donne pour prix du mètre superficiel [illegible] fr.

Le genre de construction de cette villa est absolument le même que celui de la villa de 1re classe, à [illegible] (voy. vol. 2, page 25), à l'exception de l'une des faces, celle sur le bois de Boulogne, qui est en briques et plâtre.

*Tableau des prix moyens, par mètre superficiel, des habitations de Paris et des environs.*

| | | | |
|---|---|---|---|
| Hôtels privés | 1re classe | 1er type | de 600 à 650 fr. |
| | | 2e type | de 500 à 550 |
| | 2e classe | 1er type | de [illegible] à [illegible] |
| | | 2e type | de 500 à [illegible] |
| | 3e classe | 1er type | de [illegible] à [illegible] |
| | | 2e type | de [illegible] fr. |
| Maisons à loyer | 1re classe | | de [illegible] à 1100 fr. |
| | 2e classe | | de [illegible] à [illegible] |
| | 3e classe | | de [illegible] à [illegible] |
| Villas | 1re classe | | de 500 à 600 |
| | 2e classe | | de [illegible] à [illegible] |
| | 3e classe | | de [illegible] à [illegible] |

# CLASSIFICATION DES PLANCHES

## DISTRIBUTION DES MATIÈRES

## ÉCHELLES ET ÉCRITURES DES DESSINS.

---

### CLASSIFICATION DES PLANCHES.

La méthode adoptée pour la classification des planches de l'*Architecture privée au XIX^e siècle (sous Napoléon III)* est neuve et demande, par cela même, un moment d'attention pour être comprise. Au fond, elle est très-simple et fort commode ; elle permet de distribuer les planches de façon à composer de chaque exemple d'habitation une monographie indépendante, sans que l'ouvrage entier perde de son unité.

Les planches de l'ouvrage forment trois groupes distincts, divisés en trois tomes : *Hôtels privés.* — *Maisons à loyer.* — *Villas suburbaines* ;

Et chaque groupe se décompose à son tour en trois classes : 1^re, 2^e et 3^e.

*Chaque planche porte à sa marge inférieure* : 1° le nom du *groupe* auquel elle appartient (Hôtels privés, Maisons à loyer ou Villas) ; 2° le *numéro de sa classe* dans le groupe (1^re, 2^e ou 3^e classe) ; 3° l'indication du lieu où la construction est située ; 4° le nom de l'objet représenté ; et 5° le nom de l'architecte.

Chaque *exemple* d'Hôtel, de Maison ou de Villa reproduit dans ce recueil forme une monographie, et les planches qui la composent portent toutes une même lettre, pour distinguer d'un coup d'œil les monographies les unes des autres ; seulement, la lettre est droite (A, B, C) si elle timbre une habitation de Paris, un Hôtel ou une Maison à loyer, et elle est penchée (*A, B, C*) si elle marque une construction des environs de Paris, une Villa.

Le premier exemple (ou monographie) de chaque groupe porte la lettre A ou *A*, le second B ou *B*, la troisième C ou *C*, et ainsi de suite. Cette *lettre d'ordre* est placée dans le haut du cadre, à droite.

Comme il y a trois classes d'Hôtels, de Maisons à loyer et de Villas, la lettre adoptée pour chaque monographie porte en *indice* le *chiffre de la classe* à laquelle cette monographie appartient ($A^1$ est un Hôtel ou une Maison de 1^re classe ; $B^2$ est une Villa de 2^e classe).

A côté de la *lettre d'ordre*, commune à toutes les planches d'une même monographie, figure le *numéro d'ordre* de chacune des planches qui composent cette monographie ($A^1$, *pl. 1*, ou $B^2$, *pl. 3*).

En regard de la lettre d'ordre et du numéro d'ordre (à l'angle supérieur gauche de la planche) se lit le numéro du volume auquel la planche appartient.

Le premier volume est consacré aux constructions *de Paris* (Hôtels privés et Maisons à loyer), le second aux constructions des *Environs de Paris* (Villas suburbaines). Le premier volume, comme l'indiquent les tables des planches, peut se diviser en deux parties : Tome 1^er, Hôtels privés ; tome 2^e, Maisons à loyer.

Les tables des planches complètent cette instruction et font voir :

1° La classification et le sujet des planches de chaque monographie ;

2° Les monographies de chaque classe ;

3° Les classes de chacun des trois groupes : Hôtels, Maisons à loyer et Villas.

Un *parallèle de plans* termine la série des monographies de chacune des neuf classes d'habitations entre lesquelles cet ouvrage divise les maisons de Paris et des Environs. Cette planche, naturellement, ne porte ni *lettre d'ordre* monographique, ni *numéro d'ordre* qui lui marque une place parmi les monographies ; elle porte simplement son titre propre et le numéro du volume auquel elle appartient. Sa place est à la fin des monographies de sa classe.

### DISTRIBUTION DES MATIÈRES DE L'OUVRAGE.

En consultant la note explicative ci-dessus de la méthode « *classification des planches* » de ce livre, et les trois « *tables des planches* » en tête des trois tomes, on aura une idée très-nette de la composition et de la distribution des matières de l'ouvrage : trois *groupes* d'habitations (*Hôtels* et *Maisons à loyer* de Paris, et *Villas* des Environs), chaque groupe divisé en trois *classes* d'importance différente, et chaque classe composée d'une série d'exemples d'habitations plus ou moins détaillés et formant les sujets d'autant de monographies distinctes.

Cette division n'est pas arbitraire. Les maisons de Londres sont classées par la loi, celles de Paris ne le sont pas. Il n'est pas inutile d'en chercher les raisons. L'influence des mœurs sur l'architecture se manifestera même à ce propos, et ce sont là des corrélations qu'il est toujours bon d'étudier lorsqu'on les rencontre.

Le fait saillant qui caractérise la société anglaise, c'est l'accord, dans sa constitution et dans ses mœurs, du principe de la *hiérarchie* des classes avec le principe de la *liberté* individuelle. Il est moins difficile qu'autrefois, mais il est toujours difficile à un Anglais de franchir les barrières qui le séparent des classes au-dessus de la sienne. Il lui faut pour cela un mérite vraiment exceptionnel, et le plus souvent ce sont les fils qui recueillent les profits de considération sociale dus aux services paternels. La loi sur le droit d'aînesse et d'autres points de la législation anglaise contribuent sans doute au maintien et à la solidité de ce système aristocratique ; mais c'est moins des lois que des mœurs libres du pays qu'il emprunte sa force véritable.

Chez nous, c'est tout le contraire ; le fait *social* caractéristique de la France, c'est *l'égalité*. Depuis 89, le principe de la hiérarchie des classes n'a plus les sympathies de notre pays ; il est même regardé généralement avec inquiétude et suspicion, comme le corrélatif d'un régime de privilége pour les uns et d'injuste exploitation pour les autres. Aussi, la société française n'offre-t-elle pas à proprement parler des classes distinctes, mais une seule classe formant une série ascendante et descendante *continue*, depuis la pauvreté extrême jusqu'à l'extrême richesse, depuis l'ignorance complète jusqu'à la plus haute science, depuis le soldat jusqu'au maréchal, depuis l'employé-expéditionnaire jusqu'au ministre, depuis le plus humble sujet jusqu'à la personne du Souverain. Et pour passer des bas échelons de la société jusqu'aux rangs les plus élevés, le trône excepté, le Français ne rencontre d'autres obstacles que ceux que lui imposent ses propres imperfections ou les trahisons de la fortune.

Ces tendances contrastées ont exercé et exercent encore leur influence sur l'architecture privée des deux pays. En Angleterre il y a des classes de maisons comme il y a des classes sociales. Non pas que le parallèle se poursuive mathématiquement terme pour terme : tant de classes sociales et, en regard, les classes correspondantes de maisons. Non pas. Dans un pays de liberté légale on ne numérote pas les hommes et les classes de la société comme les pièces d'un inventaire ; mais on numérote fort bien les choses à leur usage ; et la loi anglaise qui régit les constructions, le *Building Act*, distribue les maisons en classes numérotées : chaque maison, suivant sa classe, a des murs de telle épaisseur, etc., etc.

En France, où presque tout se réglemente, cette précision méthodique de réglementation de l'architecture privée n'existe pas. La distribution par classes de toute la série de nos habitations urbaines ne correspondrait à rien de suffisamment réel dans notre existence. Il y a cependant, pour faciliter tout au moins l'étude de cette branche de notre architecture, un mode de groupement de nos habitations non-seulement possible, mais facile et utile. Il est fondé, non pas sur une hiérarchie de classes sociales qui n'existe plus, mais sur la nature présente des choses, sur l'observation de nos habitudes et de nos mœurs actuelles.

Tantôt, en effet, dans nos villes, une seule famille occupe une maison entière ; cette maison, distribuée en vue de former un seul logement, se nomme un *Hôtel*, comme se nommaient autrefois les résidences urbaines des familles aristocratiques ; quelquefois on ajoute à ce mot l'adjectif *privé*, pour distinguer cette habitation de famille des *Hôtels publics*, ouverts aux voyageurs, à tout venant. Tantôt, au contraire, la même maison contient plusieurs logements, un, deux, trois ou même quatre par étage, occupés par des familles étrangères les unes aux autres : c'est une *Maison à loyer*.

*Les Maisons à loyer* et les *Hôtels privés*, voilà notre premier degré de classification des habitations parisiennes.

Quant aux maisons des environs de Paris, il n'y a encore que des *Villas*. Ce sont des espèces d'hôtels suburbains.

*Les Hôtels*, les *Maisons à loyer* et les *Villas* forment trois catégories naturelles, en raison de la différence de leur objet et de leur caractère.

Nous avons divisé chacun de ces trois *groupes* de maisons en trois *classes*, répondant aux deux extrêmes et à la moyenne des fortunes de ceux qui les habitent.

Nous avons donné huit exemples d'*Hôtels privés*, vingt et un de *Maisons à loyer* et quinze de *Villas* ; en tout, quarante-quatre monographies distinctes.

Mais les terrains à bâtir sont si variés de forme, et les conditions particulières imposées à l'architecte diffèrent tellement avec chaque nouveau propriétaire ou spéculateur, que pour avoir la chance de trouver dans une série de spécimens d'habitations exécutées, un exemple un peu analogue par son programme à ce qu'on se propose de faire soi-même, il faudrait que ces spécimens fussent bien plus nombreux.

Il était désirable, cependant, sans grossir cette publication outre mesure, de mettre sous les yeux du lecteur un grand nombre d'exemples de maisons exécutées. Nous avons résolu ce problème en faisant suivre chaque *classe* de monographies par un *Parallèle de plans de Maisons de cette classe*, — généralement sur une feuille double, — exposant ainsi aux regards, simultanément, une grande variété de dispositions et d'agencements.

A la suite des monographies de chacune des trois classes d'Hôtels, vient un *Parallèle de plans d'Hôtels de cette classe*. Un *Parallèle* analogue complète chacune des trois classes des Maisons à loyer, et chacune des trois classes des Villas.

Il y a donc neuf *Parallèles de plans*, de groupes et de classes distinctes.

Par cette composition et cette distribution des matières de notre ouvrage, le lecteur aura sous la main beaucoup d'exemples à consulter, et il saura où les trouver immédiatement.

## ÉCHELLES ET ÉCRITURES DES PLANCHES.

Nos *dessins* sont à des échelles *multiples* ou *sous-multiples* les unes des autres, et, sauf quelques rares exceptions, motivées par de bonnes raisons, les planches reproduisant des sujets de même nature sont dessinées à la même échelle, comme suit : Plans, à $0^{m}.005$ pour mètre ; — Élévations générales, à $0^{m}.010$ ; — Ensembles de portes et fenêtres, etc., à $0^{m}.050$ ou $0^{m}.100$ ; — leurs Profils, à $0^{m}.400$ ou à $0^{m}.200$. — La Menuiserie est le plus souvent représentée à l'échelle de $0^{m}.250$ pour mètre et nos *Parallèles* sont dessinés à l'échelle de $0^{m}.0025$.

PARIS. — IMPRIMERIE DE J. CLAYE, RUE SAINT-BENOIT, 7.

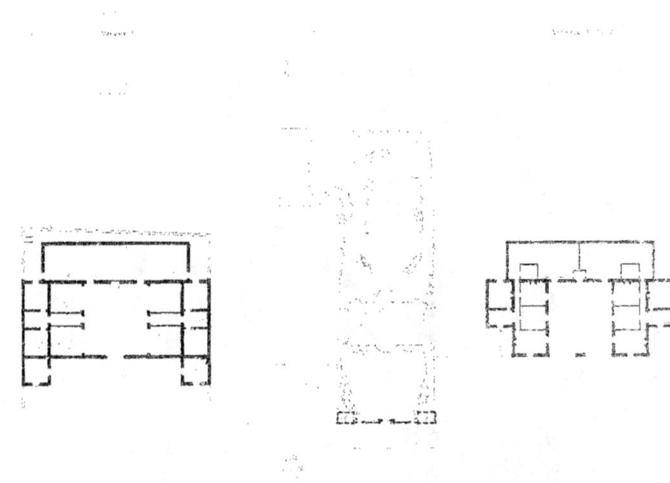

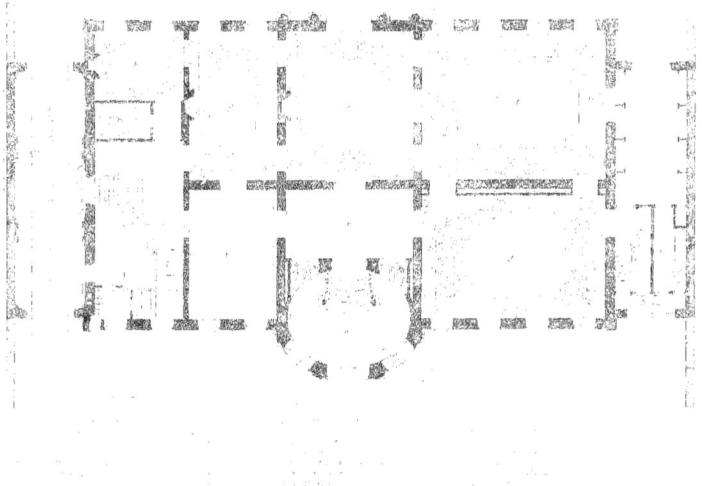

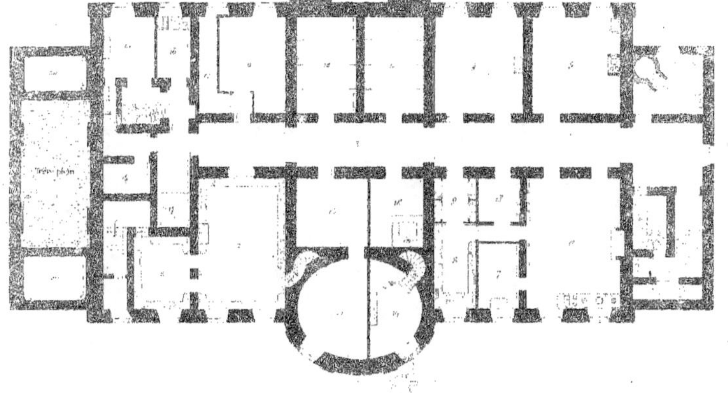

HÔTEL PRIVÉ

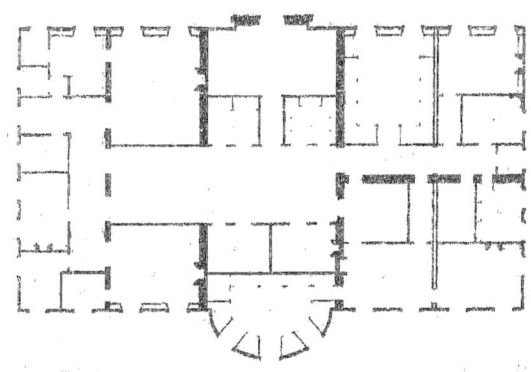

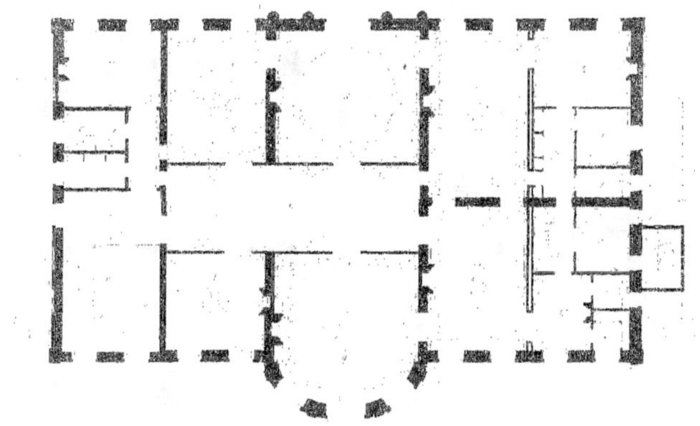

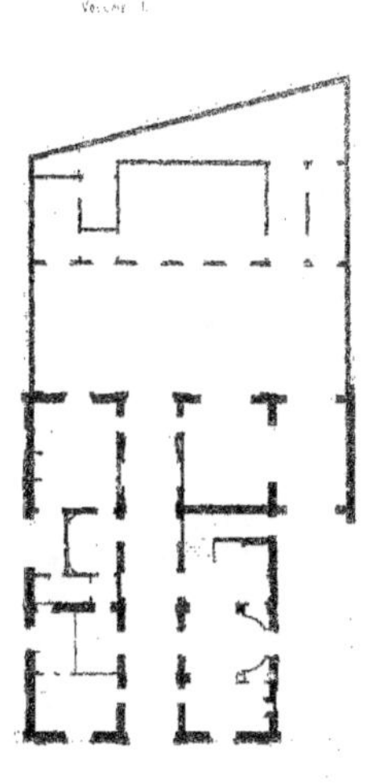

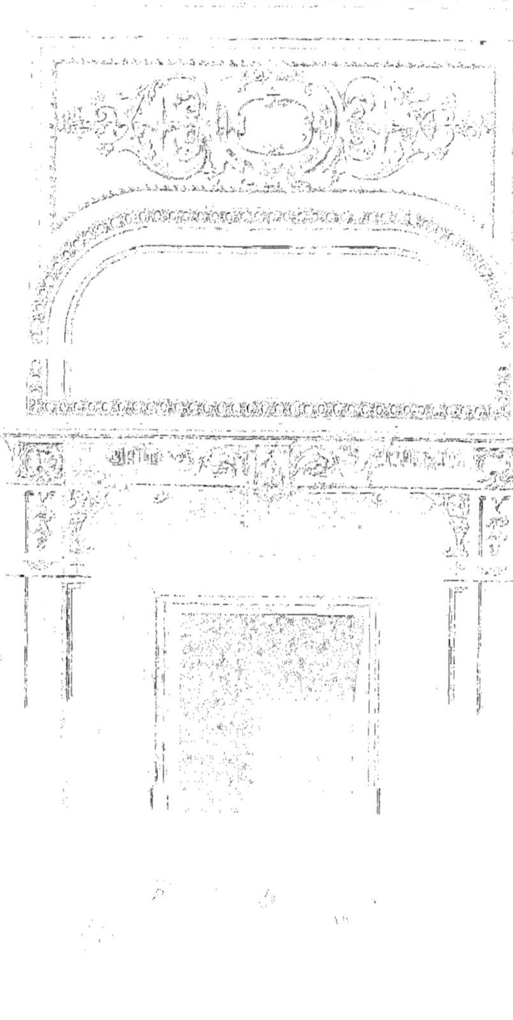

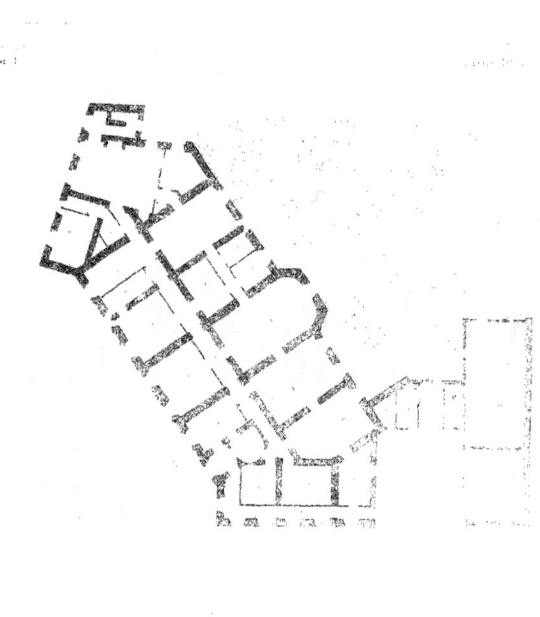

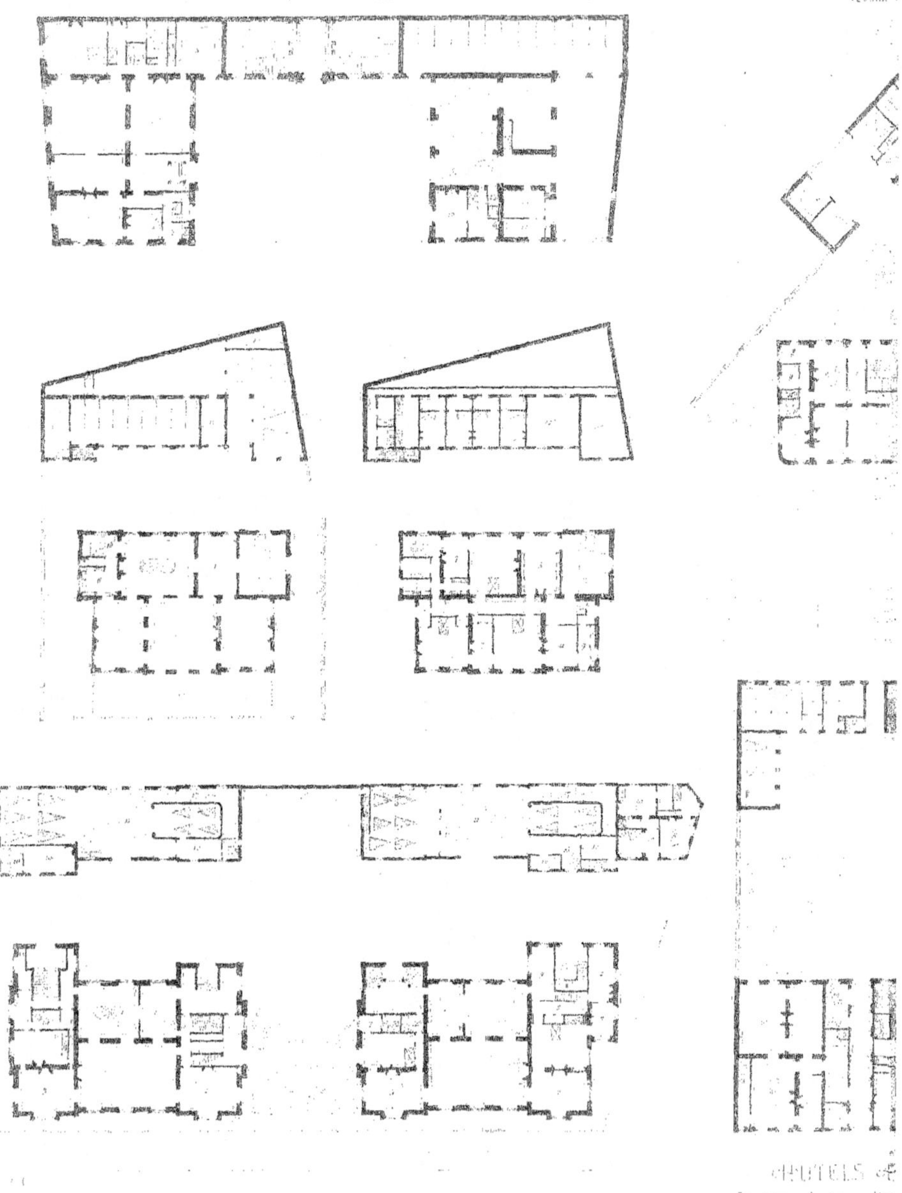

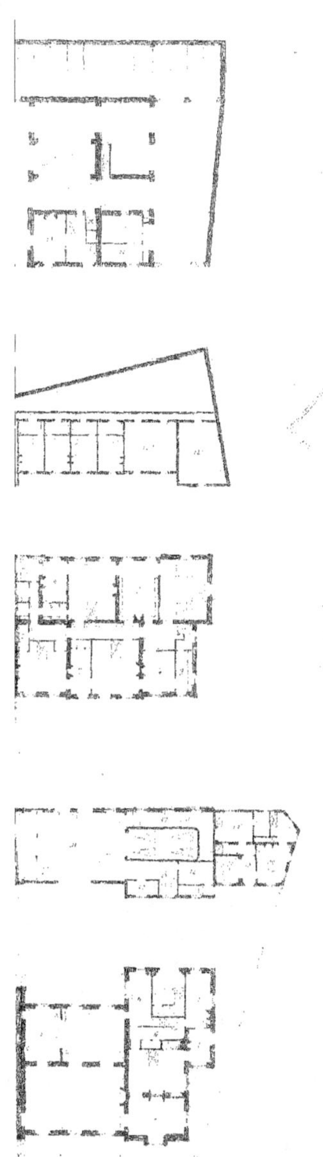

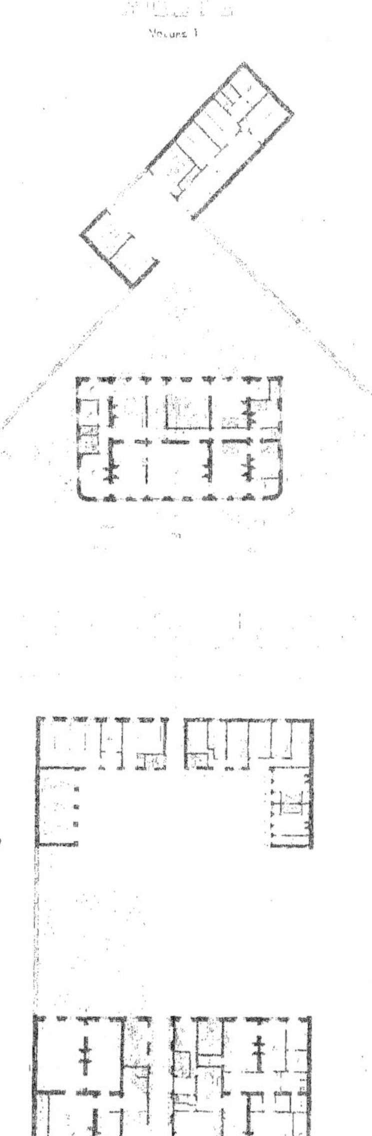

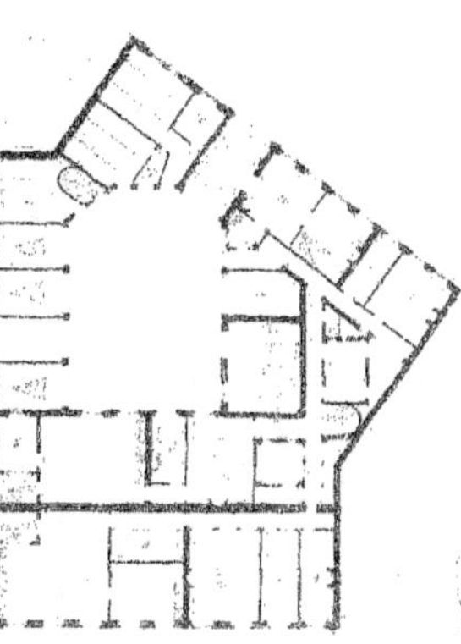

HÔTELS PRIVÉS

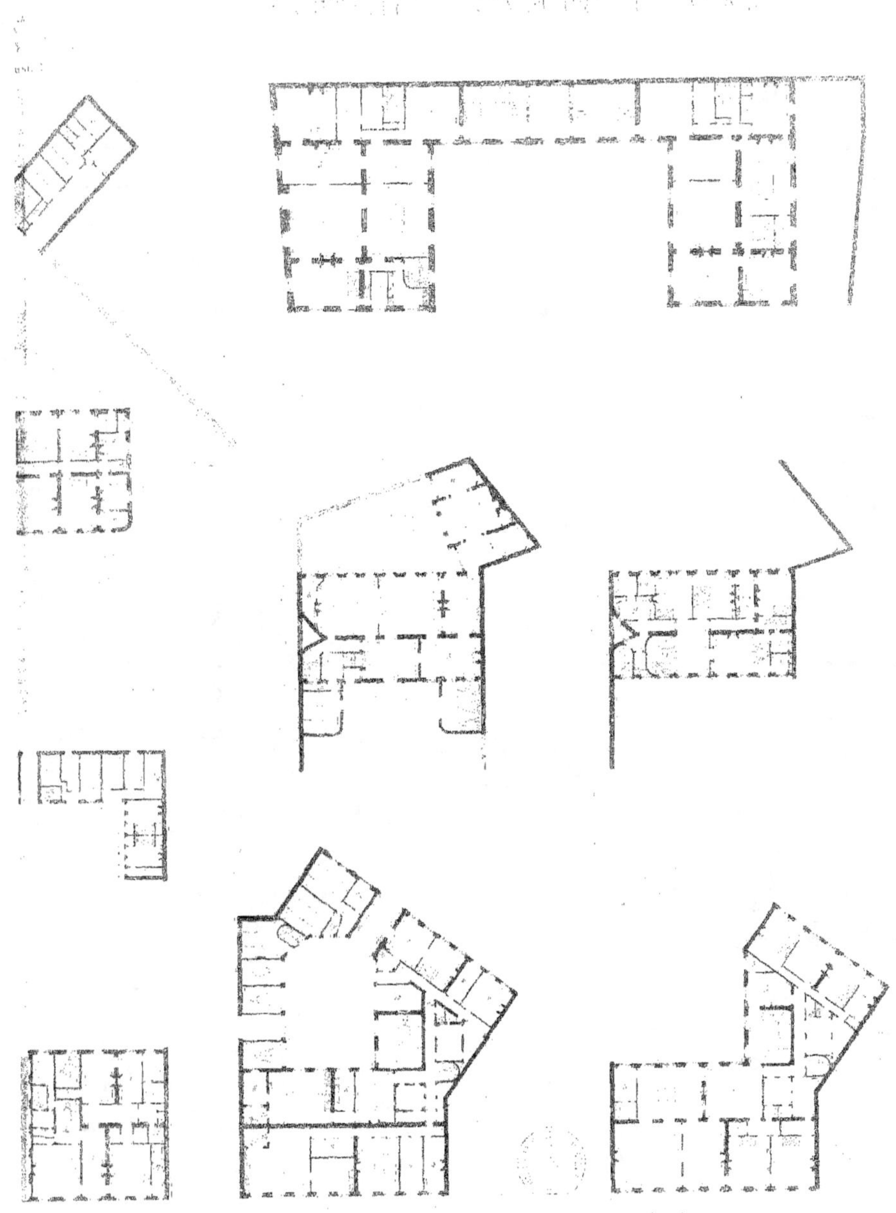

PRIVÉS

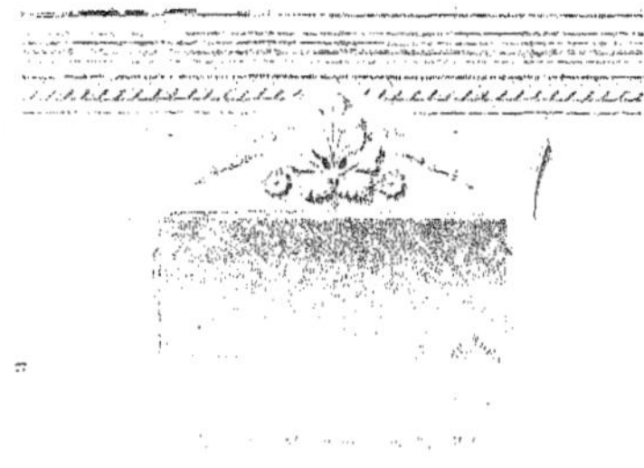

HÔTEL PRIVÉ

Deuxième Classe ... Élévation

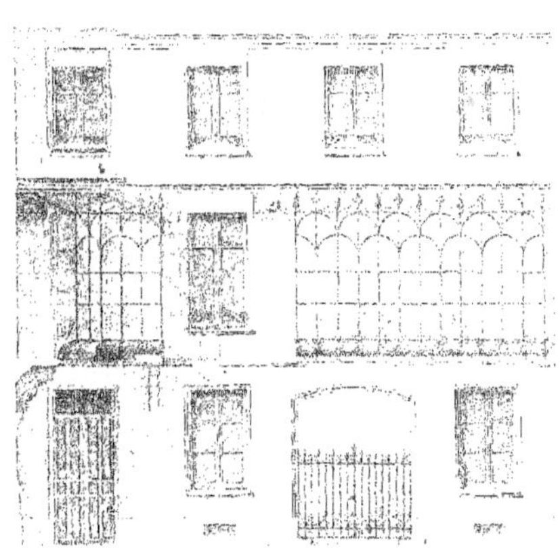

HÔTEL PRIVÉ

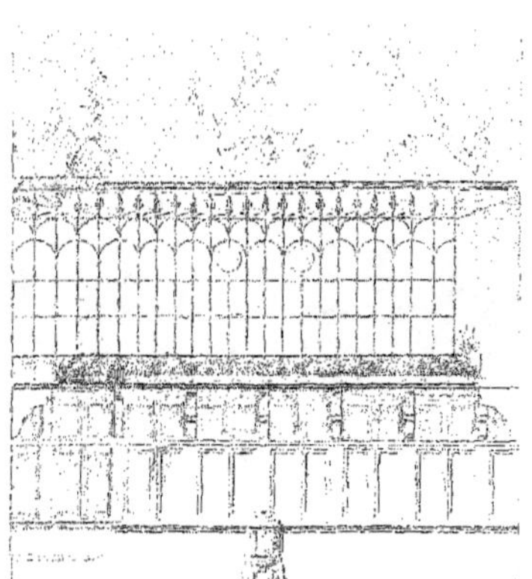

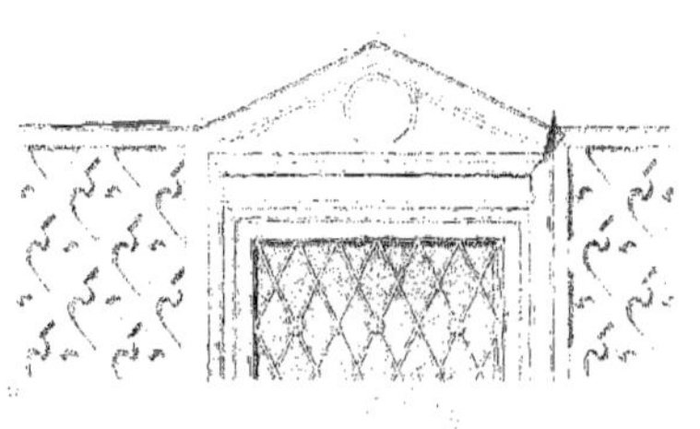

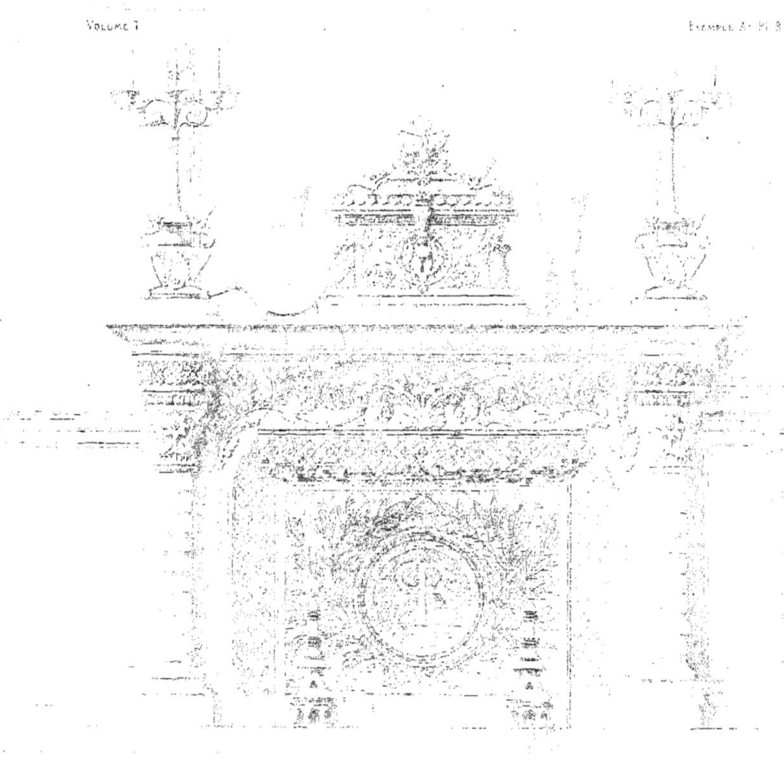

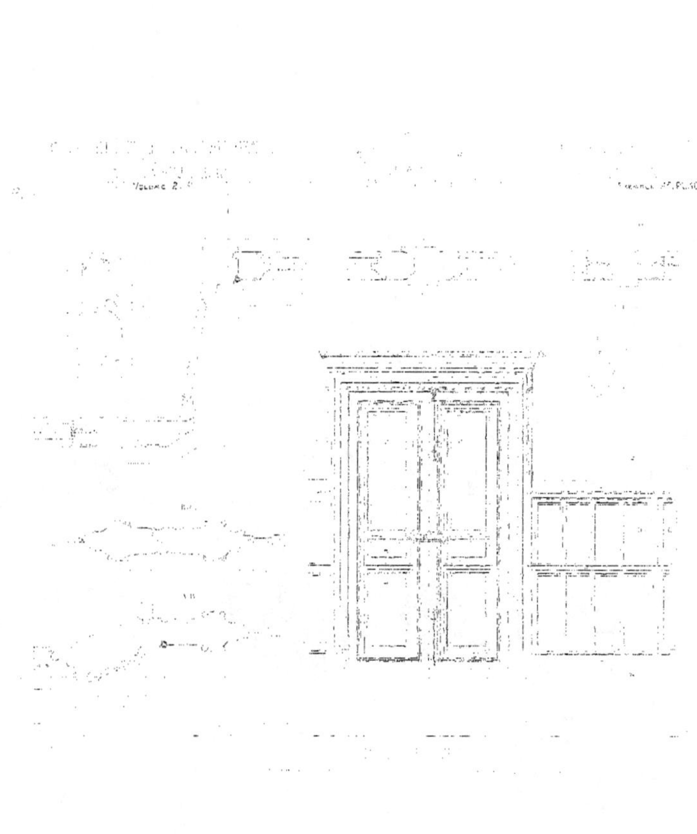

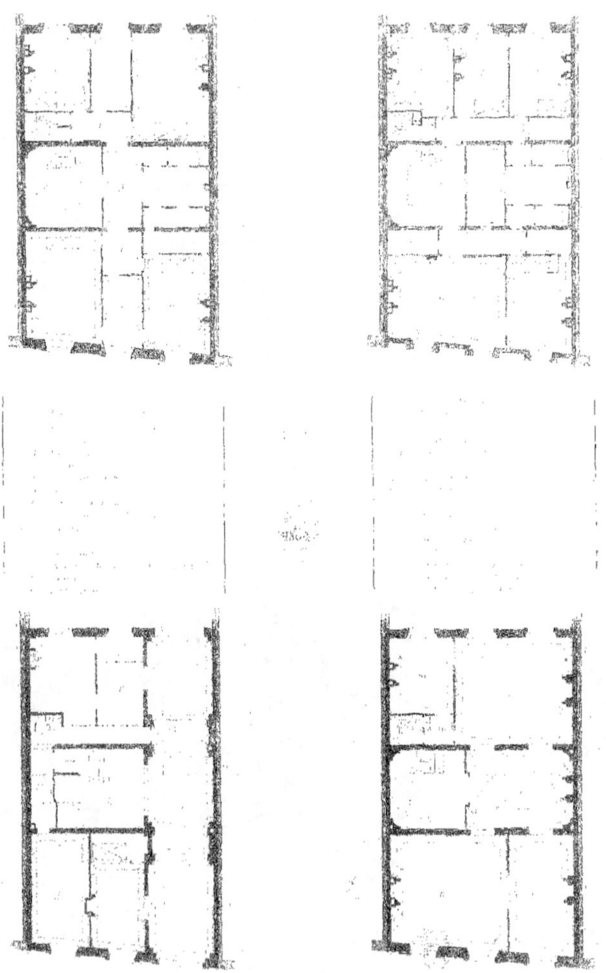

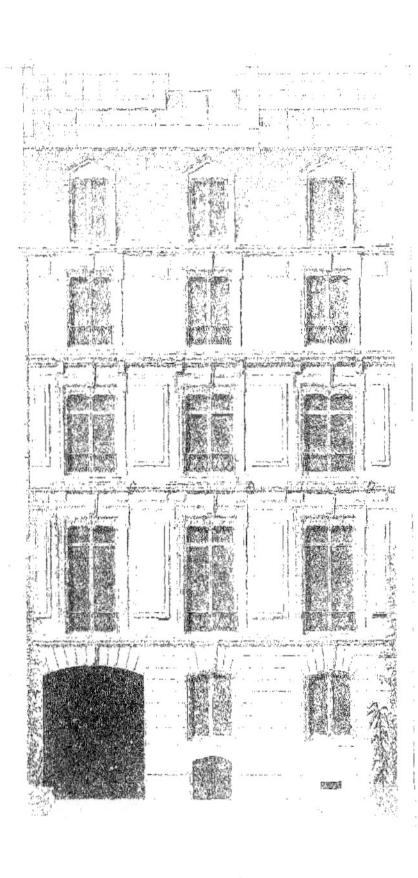

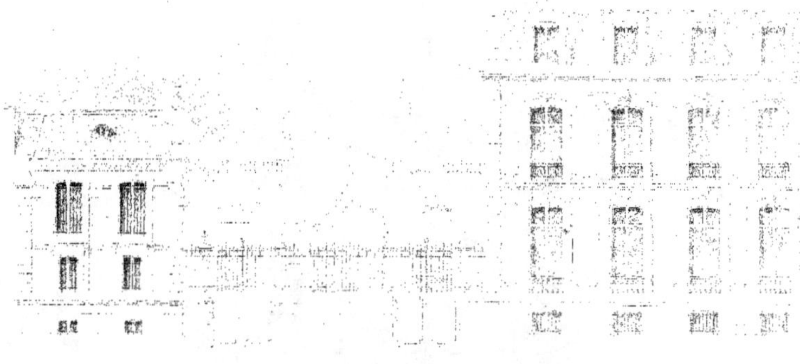

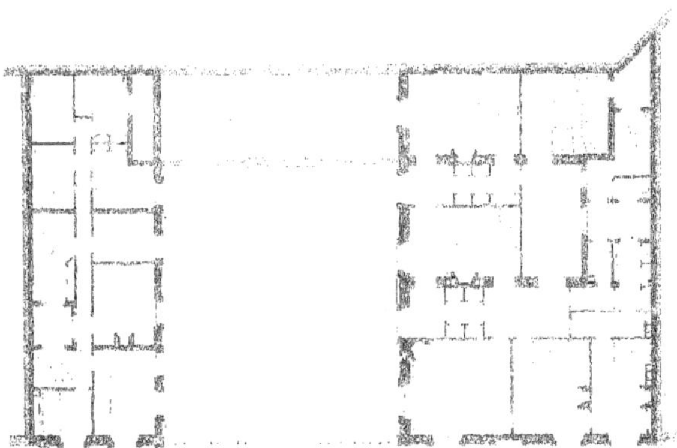

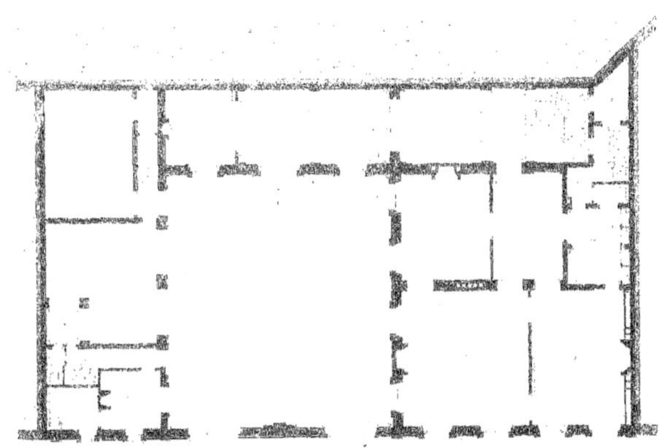

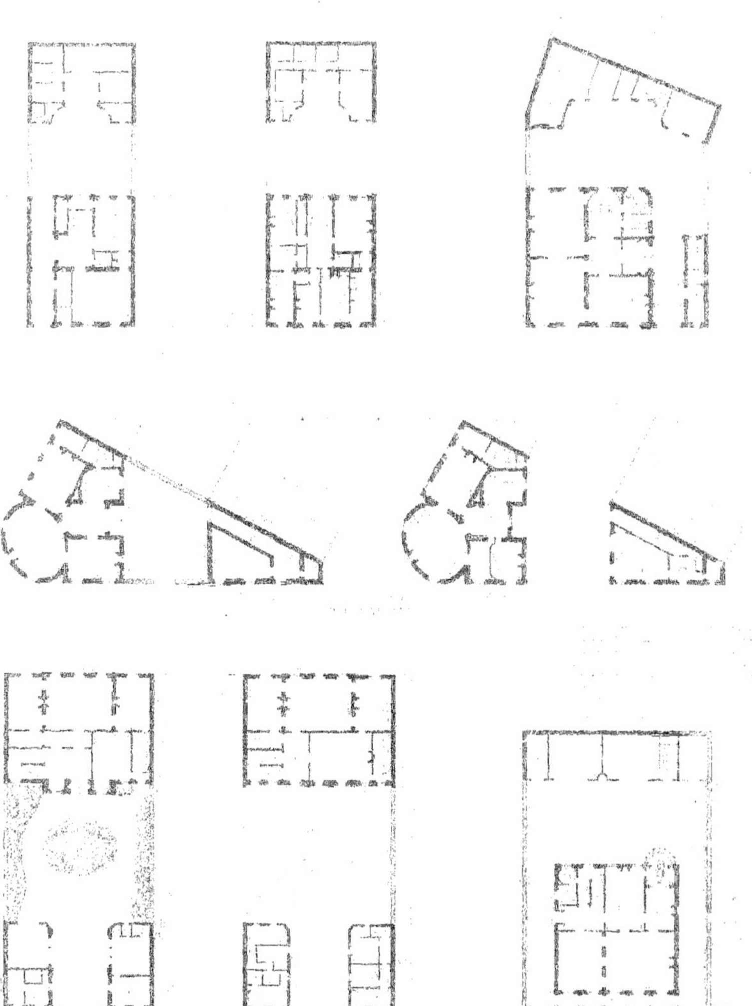

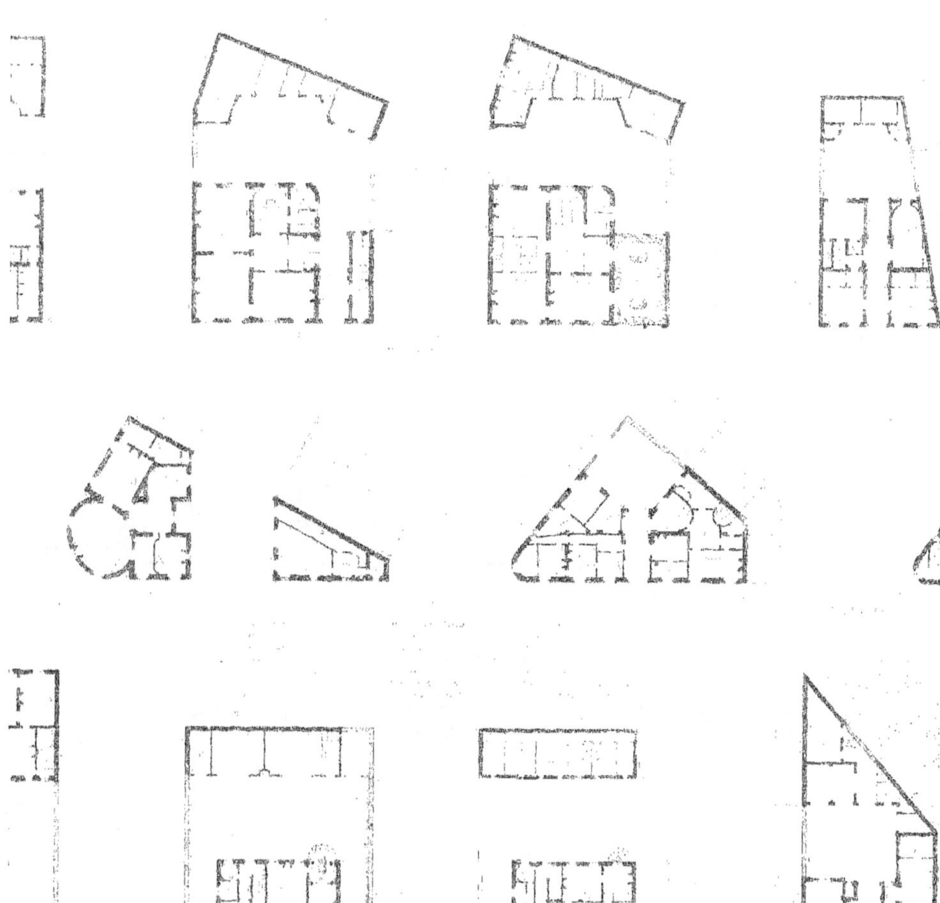

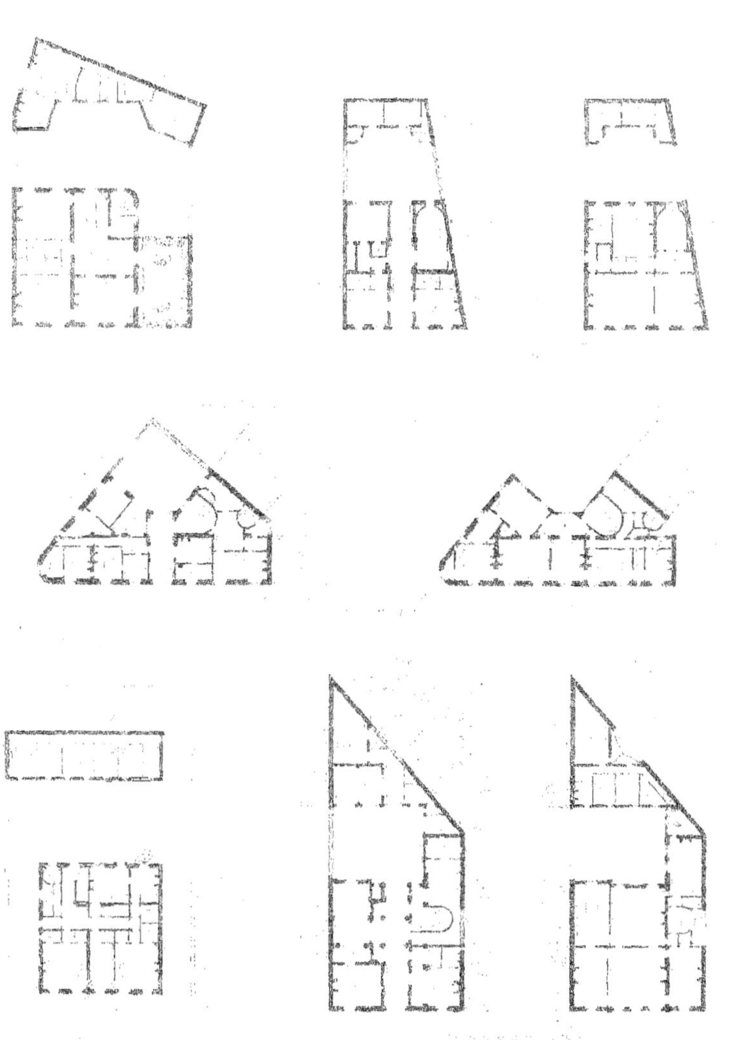

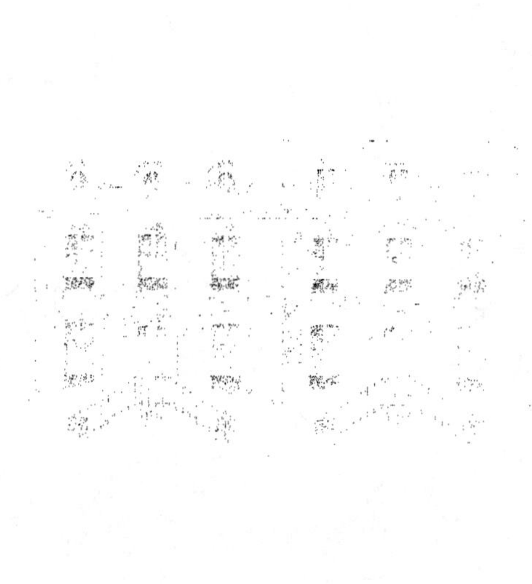

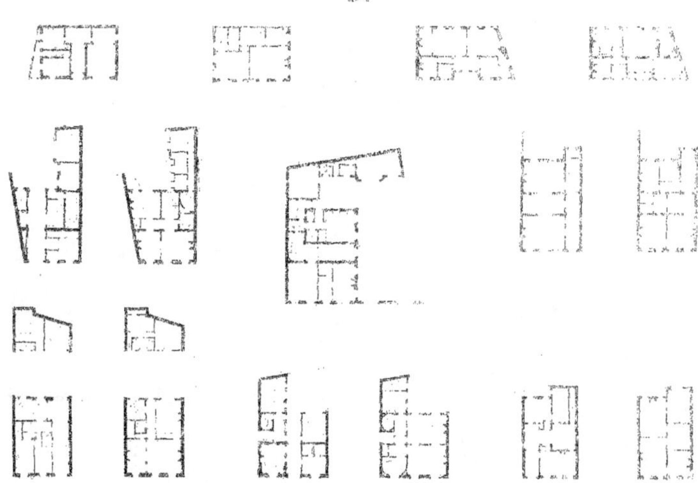

www.ingramcontent.com/pod-product-compliance
Lightning Source LLC
LaVergne TN
LVHW050635090426
835512LV00007B/874

* 9 7 8 2 0 1 2 6 7 6 5 9 6 *